어린이교육의 기본 바로 알기 시리즈 ④

유아 행복교육 탐구

홍용희·나영이·장현진·김혜전·전우용

대한어린이교육협회

창지사

국립중앙도서관 출판시도서목록(CIP)

유아 행복교육 탐구 / 지은이: 홍용희, 나영이, 장현진,
김혜전, 전우용. -- 서울 : 창지사, 2013
p. ; cm. -- (어린이교육의 기본 바로 알기 시리즈 ; 4)

ISBN 978-89-426-0741-9 93370 : ₩7000

유아 교육[幼兒教育]

375.1-KDC5
372.21-DDC21 CIP2013015142

머 리 말

최근 우리나라에서는 국민의 행복한 삶에 대한 국가적·사회적·교육적 관심이 고조되고 있습니다. 정부, 사회기관, 학교 모두 '행복'이라는 단어를 애용하고 있습니다. 정부에서는 '국민행복시대'를 열어간다며 '국민행복추진위원회'를 설립했고, 신문이나 방송 매체에서는 '국민행복주택', '국민행복기금', '국민행복나눔' 소식을 연일 전합니다. 우리의 행복에 대한 무한관심 현상은 일상에서 수시로 감지됩니다. 사회적 기업으로 인정받은 '행복나래', 아파트 주민용 공지문 '행복소식', 동네가게 간판 '행복식당', '행복슈퍼', 일상생활에서는 '행복운전', '행복이 가득한 집' 그리고 생활용품으로는 '행복노트', '행복찹쌀떡' 등 행복이 넘쳐 납니다. 이러다가 '행복'이 현존하는 모든 명사를 다 수식하는 날이 올지도 모르겠습니다.

교육계에서도 '행복교육' 탐구가 한창입니다. 2013년 교육부 업무계획은 '꿈과 끼를 키우는 행복교육, 희망의 새시대를 여는 행복'입니다. 서울의 어느 고등학교에는 '꿈과 끼를 함께 키우는 행복교육'이라는 문구가 큼지막하게 쓰인 현수막이 교문에 걸려있습니다. 대학입시준비 위주라는 명분으로 학생들을 무한경쟁으로 내몰던 학교가 느닷없이 '꿈과 끼를 키워주는 행복교육'으로 돌아서다니 놀랍습니다. 학생들은 현수막에 적힌 '꿈과 끼를 키워주는 행복교육'을 보고 무슨 생각을 할까요? 학교가 예전과 비교해 볼 때 과연 무엇이, 어떻게, 얼마나 달라졌는지 자못 궁금합니다.

최근 우리나라에서 '행복'이 국가적·사회적·교육적으로 각광을 받게 된 이유에는 여러 가지가 있습니다. '행복'이 교육계의 쟁점이 된 이유는 무엇보다도 무한경쟁으로 인한 학업 스트레스나 학교 폭력 등으로 심각해진 학교문제를 '행복교육'으로 해결해 보려는 의도인 듯합니다. 대구시교육청의 경우 학생들의 자살사건을 몇 차례 겪은 뒤에야 비로소 2012년 9월 교육청의 목표를 '일류교육'에서 '행복교육'으로 전환했다고 합니다. '사후약방문(死後藥方文)'격이라 안타까우

나 이제라도 교육계가 정신을 차린 것 같아 다행입니다.

우리의 『유아 행복교육 탐구』의 시작은 이렇습니다. 최인철 교수님(서울대학교 심리학과)이 2012년 4월 한국육아지원학회 춘계학술대회에서 '행복 선행 학습'이라는 제목의 기조강연 중 당신이 집필한 『행복교과서』(서울대학교 행복연구센터, 2011)를 소개했습니다. 중학교와 고등학교에서는 2011년 청소년용 『행복교과서 : 청소년들의 행복수업을 위한 첫걸음』이 발간되어 많은 학교에서 이미 실시 중이었습니다. 거의 모든 학술대회 참가자들이 처음으로 『행복교과서』의 존재를 알고 놀랐습니다. 강의 후 질의응답 시간에 『행복교과서』는 유아들에게도 꼭 필요한데, 왜 만들지 않았는지 질문이 나왔습니다. 최인철 교수님은 자신이 유아들에 대해서 잘 몰라 집필할 수 없으니 유아교육 전문가들이 만들기 바란다고 하였습니다. 맞는 말입니다. 그러자 대한어린이교육협회에서 2012년 협회 지정연구의 주제를 '유아 행복교육'으로 정하고 본 연구진에게 이에 대한 연구, 책 발간 및 교사연수를 의뢰했습니다.

본 연구진은 지난 1년 동안 '행복', '행복한 어린이', '유아 행복증진을 위한 교육활동'을 열심히 행복하게 탐구했습니다. '행복'에 대한 초보 연구자들이 연구하고 개발한 활동을 책으로 출판하기에 1년은 짧았지만, '행복'에 대한 연구를 수십 년간, 최소한 수년간 열정적으로 탐구해 온 연구자들이 우리들에게 배움의 장을 마련해 주었기에 연구가 가능했습니다. 그들의 행복에 대한 열정과 통찰이 담긴 많은 저서와 논문을 읽고 감탄하며 때로 이해하기가 벅차기도 했습니다. 우리들이 아직도 갈 길이 먼 것을 잘 알고 있기에 『유아 행복교육 탐구』의 출판은 부끄러운 일이지만, 대한어린이교육협회와의 약속한 연구 기간이 1년이므로 용기를 냈습니다.

『유아 행복교육 탐구』는 유아용 『행복교과서』가 아닙니다. 유아교사를 위한 지도서입니다. 교사들이 유아 행복증진 교육활동을 성공적으로 실시하려면 교육활동이 개발된 배경과 기반을 이해해야 하는데, 그보다 앞서 더 중요한 것이 있습니다. 먼저 교사들 자신이 행복해야 한다는 것입니다. 이 책에는 본 연구진이 한발 앞서 탐구한 행복에 대한 다양한 관점뿐만 아니라 행복연구자들과 긍정심리학자들이 제안한 행복을 만드는 방법들도 소개했으니 참고해서 행복한 교사가 되기를, 더 행복해지기를 진심으로 바랍니다. 그리고 행복에 대한 유아들의 생각을 세심히 살펴보고, 유치원·어린이집에서 실행 가능한 행복증진 교육활동을 적극 활용하기 바랍니다.

그동안 『유아 행복교육 탐구』가 출판될 수 있도록 도와주신 분들께 감사드립니다. 저희 연구진이 개발한 행복증진 교육활동을 학급에서 직접 실행하고 평가해 주신 국회 제2어린이집 박희경 원장님과 김지현 선임연구원을 비롯한 전·현직 교사들—박효진, 조정애, 김지현, 박은별, 엄성희, 황정은, 김민정, 김하나, 이순배, 김효진, 이지송—에게 깊이 감사드립니다. 행복증진 교육활동에 호기심을 보이고 적극 참여하면서 행복에 대한 소중한 생각을 나누어준 국회 제2어린이집 만 3세 호수반과 바다반, 만 4세 산반과 강반, 만 5세 우주반과 하늘반 유아들에게도 감사의 마음을 전합니다. 마지막으로 이 책을 출판해 주신 창지사의 임직원 여러분들께도 진심으로 감사드립니다.

이 책의 제목을 『유아 행복교육 탐구』로 명명한 데는 이유가 있습니다. 이번에 저희 연구진이 행복에 대해 먼저 탐구한 결과를 여러분들과 공유하고, 이후에는 여러분이 직접 유아들과 '행복', '행복교육'을 탐구하기를 바라기 때문입니다. 다양한 특성을 지닌 우리나라 유아들의 행복을 증진시켜줄 수 있는 교육활동 개발이 시급하기에 '행복을 위한 최선의 기회는 교육'이라는 마크 반 로렌의 말을 되새기면서, 앞으로 '유아 행복교육 탐구'에 여러분들 모두가 적극 동참하기를 기대합니다.

2013년 8월
저자 일동

유아 행복교육 탐구

차 례

유아
행복교육
탐구

Ⅰ. 행복, 행복한 유아 & 유아 행복교육 탐구

1. 행복 탐구

1) 행복의 의미

미국, 그리스, 슬로베니아, 한국, 아르헨티나, 바레인 등 거의 모든 나라 사람들이 인생에서 가장 원하는 것이 무엇이냐는 질문에 한결같이 '행복'이라고 대답했다는데, 과연 '행복'의 의미는 무엇일까?

행복의 뜻을 사전에서 찾아보면 '복된 좋은 운수'와 '생활에서 기쁨과 만족감을 느껴 흐뭇한 상태' 두 가지가 있다. 첫 번째, '복된 좋은 운수'란 인간의 능력을 초월한 천운과 기수로 인해 생활에서 누리게 되는 큰 행운으로서 '행복을 빌다'와 같이 사용된다. 이러한 행복은 '운명(運命)'이나 '팔자(八字)'를 뜻하는 것으로 애매하고 불확실할 뿐만 아니라 인간의 선택, 노력, 주변의 도움과 무관하다는 점에서 논의의 대상으로 부적절하다. 두 번째, '생활에서 기쁨과 만족감을 느껴 흐뭇한 상태'란 일상에서 경험하는 긍정적 정서를 묘사하는 것으로 '행복에 젖다', '행복을 느끼다'로 사용된다. 이 뜻은 행복의 동의어로 사용되는 '주관적 웰빙', '삶에 대한 만족'과 유사하다.

행복(happiness)
매일 느끼는 주관적 웰빙, 좋은 삶, 삶에 대한 만족 등의 동의어로 쓰이기도 한다 (Peterson, 2010).

2013년 7월 한 일간지 보도에 의하면 중국 쓰촨(四川)성 랑중(閬中)시 공중보건의인 리수(李舒·30)는 동년 2월에 위암 판정을 받았다. 리수는 20년 후에나 열릴 세 살배기 쌍둥이 세 딸들의 결혼식에 자신이 참석하지 못할 것을 안타까워하며 "아가야 엄마 얼굴 아직 기억하니? 엄마는 너희가 영원히 행복하길 바란다."는 소망이 담긴 결혼 축하 영상 편지를 미리 썼다. 이 영상 편지로 인해 온 중국 대륙이 눈물바다가 되었다 한다. 자신이 지켜볼 수 없는 세 딸들의 행복을 간절히 바라는 엄마의 마음을 모두가 공감할 것이다. 그런데 엄마는 딸들에게 어떤 행복이 있기를 바라는 것일까? 아마도 세 딸들이 늘 '생활에서 기쁨과 만족감을 느껴 흐뭇한 상태'로 살아가기를 바랄 것 같다.

'행복'의 의미에 대한 동서고금의 정의를 몇 개 살펴보기로 한다.

- 사람은 행복하기로 마음먹은 만큼 행복하다. **링컨**
- 오늘만은 행복하게 살자. 사람은 자신이 결심한 만큼 행복해진다. **시빌 패트리지**
- 행복이란 결심이요, 결정이다. **앤드류 매튜스**
- 널리 배워 기술을 익히고, 규칙적인 생활을 하며 바른 말을 하라. 이것이 인간에게 최상의 행복이다. **불경**
- 대개 행복하게 지내는 자는 노력가이다. **블레이크**
- 기쁘게 일하고, 해 놓은 일을 기뻐하는 사람은 행복하다. **괴테**
- 심령이 가난한 자, 애통하는 자, 온유한 자, 의에 주리고 목마른 자, 긍휼히 여기는 자, 마음이 청결한 자, 화평케 하는 자, 의를 위해 핍박받는 자, 복이 있다. **성경**

행복의 의미에 대해 동서고금의 성인들, 석학들이 내린 정의에는 세 가지 공통점이 있다. 첫째, 행복하기로 결심해야 하고, 결심한 만큼 행복해진다. 둘째, 착하고 바르게 살면 행복해진다. 셋째, 절제하고 노력해야 행복해진다. 즉, '생활에서 기쁨과 만족감을 느껴 흐뭇한 상태'에 젖는 행복감은 우연찮게 오는 것이 아니고 운수대통 때문도 아니며 뿌린 대로 거두는 것이다. 행복의 전제조건은 자기주도적이고 도덕적 가치의 실현이다.

그러나 행복감을 자기주도적이거나 도덕적 가치의 실현과 상관없이 누릴 때도 많다. 정도의 차이는 있겠으나 우리가 '생활에서 기쁨과 만족감을 느껴 흐뭇한 상태'가 될 때는 사실상 부지기수다. 그렇다면 우리는 헤아릴 수 없을 만큼 많이 행복해 하며 지내야 한다. 과연 그러한가? 수없이 행복해 하며 살아가지 않고 있다면 그 이유는 무엇일까? 행복의 의미에 대해 사전적인 뜻 말고 다른 소견, 믿음이 있기 때문이 아닐까 싶다.

류보머스키(2008)는 행복해지려면 다음 요소들이—좋은 인간관계? 직장에서의 좀 더 많은 권한과 자유? 더 나은 새 직장? 좀 더 자상한 배우자? 아기의 탄생? 회춘? 공부를 잘하는 자녀? 질병이나 장애의 치유? 더 많은 시간? 정말 하고 싶은 일을 알아내는 것?—필요할 거라는 생각은 틀렸다며, 이런 오해로 인해 사람들이 행복의 근원을 종종 놓친다는 사실이 과학적으로 입증이 되었다고 주장한다.

류보머스키는 우리가 스스로 행복을 만들어 낼 힘을 가지고 있기 때문에 행복을 창조(creation)하고 구축(construction)함으로써 행복증진이 가능함을 과학적 연구 결과가 보여준다고 힘주어 말한다. 다시 말해, 우리를 행복하게 해줄 파랑새를 찾아 떠날 일은 아니다.

2) 행복을 연구하는 긍정심리학(Positive Psychology)

긍정심리학은 인간의 삶을 가장 가치 있게 만드는 것이 무엇인지, 좋은 삶은 어떠하며, 어떻게 만들어질 수 있는지를 연구하는 과학적 학문이다(Lyubomirsky, 2008; Peterson, 2010). 긍정심리학은 1998년 당시 미국심리학회장을 맡은 셀리그만(Martin Seligman)이 공식적인 학문 분야로 출범시켰다. 셀리그만은 전통적 심리학이 심리적 병리(예 : 정신장애, 부적응 행동, 이상심리 등) 현상의 이해·처치·예방에만 치중해 왔음을 지적하고, 심리학에서 인간이 가장 보람 있고 행복한 삶을 사는 방법에 대해서도 연구해야 한다고 역설했다.

긍정심리학은 세 가지 관련된 주제—주관적인 긍정적 경험(예 : 행복, 기쁨, 만족, 충만함 등), 개인의 긍정적 특질(예 : 성격 강점, 재능, 관심사, 가치 등), 그리고 긍정적 경험과 긍정적 특질을 가능하게 하는 기관(예 : 가족, 학교, 사업, 조직, 사회 등)—에 초점을 맞춘다(Seligman & Csikszentmihalyi, 2000).

다음은 긍정심리학자들이 주로 연구하는 문제들이다(권석만, 2008: 25).

> "행복한 삶이란 어떤 것인가? 행복에 영향을 미치는 요인은 무엇이며, 어떤 심리적 과정을 통해서 행복감을 느끼는가? 행복을 증진시키기 위해서는 어떻게 해야 하

는가? 인간의 긍정적 성품과 덕성에는 어떤 것들이 있는가? 지독한 고난과 난관을 극복하게 만드는 인간의 특성은 무엇인가?... 인간은 어떤 상황에서 자신의 긍정적 성품과 능력을 가장 잘 발현하는가?...학교나 기업체는 구성원들이 좀 더 행복하고 각자의 강점과 미덕을 더 잘 발휘하도록 어떻게 도울 수 있는가?"

긍정심리학자들이 연구하는 주제들은 사실상 그들뿐만 아니라 우리 모두의 관심사이기도 하다. 사실상 가장 많이 출판되는 분야의 책은 '요리책'이며, 그 다음으로 가장 많이 출판되는 책이 바로 '행복 지침서'이다(Shapira, 2013). 그런데 요리를 통해 큰 만족과 행복감을 느끼는 사람들이 적지 않다는 점을 고려해 볼 때 결국 사람들 최고의 관심거리는 역시 '행복'이라고 본다.

사람들이 모두 행복해지기를, 좀 더 행복하기를, 늘 행복하기를, 더 나아가 영원히 행복하기를 소망하는 것은 당연한 일이라 일컬어진다. 사람들은 왜 행복을 염원하고 열심히 소망해야 하는가? 행복은 일시적인 기분이 아니라 긍정적 정서이고 개인의 긍정적 정서는 현재뿐만 아니라 미래의 좋은 삶에 영향을 미치는 중요한 요인이며 가족, 이웃, 사회, 나아가 인류에게 유익하기 때문이다.

주관적 웰빙 (subjective well-being)
비교적 높은 수준의 긍정적 정서, 비교적 낮은 수준의 부정적 정서 그리고 자신의 삶이 전반적으로 좋다는 인지적 판단을 아우르는 개념

뒤센 미소
눈가 주위에 근육이 수축할 때 생기는 주름의 정도를 측정해 진심으로 행복하다는 긍정적 정서를 드러내는 것으로 평가받는 미소

긍정심리학에서는 행복한 삶은 주관적 웰빙이 오래 지속되었을 때 나타나는 결과임을 보여주는 두 연구에 주목한다(Peterson, 2010). 첫 번째 연구는 미국의 사립여자대학교 졸업앨범에 담긴 여대생들의 웃는 표정으로 뒤센 미소를 측정하고, 수십 년 뒤 참여 여성들의 결혼에 대한 만족도를 조사했다. 그 결과 졸업앨범에서 뒤센 미소로 행복감과 같은 긍정적 정서를 표현했던 여대생들이 더 만족스러운 결혼생활을 하고 있는 것으로 나타났다. 두 번째 연구는 미국의 교육수도회인 노트르담 수녀들이 60여 년 전에 작성한 자전적 에세이를 긍정적 정서 단어(예 : '~너무도 행복~', '큰 기쁨', '신의 사랑' 등)가 포함된 문장의 수와 부정적 단어가 포함된 문장의 수를 산출하는 방식으로 에세이의 정서적 내용을 분석했다. 그 결과, 행복과 같은 긍정적 정서 내

용은 장수와 관련이 있었던 반면에 부정적 정서 내용은 관련이 없는 것으로 나타났다. 이와 같이 행복한 웃음이 삶의 만족도를 향상시키고 긍정적 정서가 장수와 관련 있음을 볼 때 행복을 추구하기로 마음먹고 방법이 있다면 배우고 익혀야 할 것이다.

〈표 1〉은 자신의 정서 상태가 어떠한지 체크해 볼 수 있도록 왓슨, 클락과 텔레겐(Watson, Clark, & Tellegen, 1988)이 제작한 '긍정 및 부정 정서성 척도'이다.

〈표 1〉 긍정 및 부정 정서성 척도

다음에 나오는 단어들은 다양한 감정이나 기분을 기술하는 것입니다. 각 단어를 읽고, 요즘 귀하가 느끼는 감정이나 기분의 정도를 가장 잘 나타내는 곳에 ㅇ표를 해 주십시오.

전혀 그렇지 않다	약간 그렇다	어느 정도 그렇다	상당히 그렇다	매우 그렇다

문항	점수	문항	점수
1. 신나는	1 2 3 4 5	11. 화를 잘 내는	1 2 3 4 5
2. 괴로운	1 2 3 4 5	12. 맑고 또렷한	1 2 3 4 5
3. 활기에 찬	1 2 3 4 5	13. 창피한	1 2 3 4 5
4. 혼란스러운	1 2 3 4 5	14. 의욕이 넘치는	1 2 3 4 5
5. 자신감 넘치는	1 2 3 4 5	15. 신경질적인	1 2 3 4 5
6. 죄책감 느끼는	1 2 3 4 5	16. 확신에 차 있는	1 2 3 4 5
7. 위축된	1 2 3 4 5	17. 상냥한	1 2 3 4 5
8. 분노를 느끼는	1 2 3 4 5	18. 초조한	1 2 3 4 5
9. 열정적인	1 2 3 4 5	19. 활동적인	1 2 3 4 5
10. 자랑스러운	1 2 3 4 5	20. 두려운	1 2 3 4 5

출처 : 권석만 역(2008: 54).

* 채점방법은 긍정 정서는 1, 3, 5, 9, 10, 12, 14, 16, 17, 19번 문항 평정점수의 합이며, 부정 정서는 2, 4, 6, 7, 8, 11, 13, 15, 18, 20번 문항 평정점수의 합이다.

류보머스키(2008: 40)는 행복하면 삶의 모든 영역에 수많은 긍정적 혜택을 안겨주는 확인할 수 있는 증빙 자료를 수집했다면서 우리 모두는 행복해져야 한다고 단언한다.

류보머스키 (Lyubomirsky Sonja)
미국 리버사이드 캘리포니아 주립대학 심리학과 교수. 24년째 '행복'에 관해 연구하고 있는 긍정심리학 분야의 주목받는 학자로서 특히 행복의 수준을 어떻게 지속적으로 높일 수 있는지가 주된 연구 과제이다. 2002년 템플턴 긍정심리학상을 수상했고, 미국 국립정신보건원으로부터 5년에 걸쳐 1백만 달라 이상의 연구 기금을 받으며 영구적인 행복증진 가능성에 대한 연구를 진행하고 있다. '행복'이란 주제로 연방 기금을 지원받은 최초이자 유일한 사례이기도 하다.

"행복한 사람들은 더 사교적이고 활기차며 보다 관대하고 협조적이며, 다른 사람들로부터 더 호감을 산다.....결혼생활을 지속해 나가고 원만한 교우관계와 풍부한 사회적 지원을 확보할 가능성이 더 높다......사고가 더 유연하고 독창적이며 직장에서도 보다 생산적이다......더 나은 리더이자 협상가이며 돈도 더 많이 번다......역경이 닥쳤을 때 더 쉽게 회복하며 면역 체계도 강하여 신체적으로 더 건강하다. 행복한 사람은 심지어 수명도 더 길다."

행복은 돈, 건강, 장수, 결혼, 취업 등 다양한 삶의 영역에서 성공을 거두게 하니 우리 모두 행복을 추구하는 노력을 경주하는 것이 당연하다. 한 개인의 행복이 자신뿐만 아니라 가족, 이웃, 지역사회 공동체, 사회 전체까지도 긍정적 영향을 미치게 됨을 생각해 볼 때 아리스토텔레스가 왜 '행복은 생의 의미이며 목적이고 인간 존재의 목표이며 이유'라고 가르쳤는지 이해가 된다. 따라서 우리는 유아기 어린이부터 행복교육을 시작해야 한다.

3) 행복한 삶에 대한 긍정심리학의 관점

셀리그만의 긍정심리학 유튜브 동영상 강의
http://www.youtube.com/watch?v=bbR72irx-EE

쾌락주의(hedonism)
행복은 즉각적인 감각의 만족을 통해 즐거움을 극대화하고 고통을 최소화하는 것이라는 아리스티포스(Aristipus : 435-360 B.C.)의 주장을 에피쿠로스(Epicurus : 342-270 B.C.)가 받아들여서 쾌락주의를 제창했다.

우리는 무엇을 할 때, 행복한 상태가 어떨 때 '생활에서 기쁨과 만족감을 느껴 흐뭇한 상태'가 되는가? 긍정심리학의 창시자인 셀리그만은 '즐거울 때', '의미 있는 일을 할 때', '몰입할 때' 행복한 삶을 누린다고 주장한다.

첫 번째 '즐거운 삶(pleasant life)'이란 욕구 충족에 따른 감각적 기쁨이나 일시적 만족을 통해 얻는 즐거움을 중시하고 추구하는 삶이다. 긍정심리학에서 행복에 영향을 주는 요인으로 긍정적 정서와 주관적 웰빙을 중시하는데, 이는 즐거움을 극대화하고 부정적 정서를 최소화하고자 했던 쾌락주의 입장이 반영된 것이다. 감각적 즐거움은 쉽게 찾을 수 있고 증폭시키는 방법도 배울 수 있으나 긍정적 정서도 유전적 기질에 영향을 받으므로 즐거움 수준에도 개인차가 있으며 대상에 대한 즐거움이 반복될수록 감소되고 지속력이 약하므로 행복의 필요충분조건이 되지 못한다.

두 번째 '의미 있는 삶(meaningful life)'이란 자신의 지식과 능력이 다른 사람의 행복한 삶의 증진에 기여함에 의미를 부여하고 기쁘게 살아가는 삶이다. '의미 있는 삶'은 사람들이 자신의 가장 우수한 기술과 재능을 계발해서 타인이나 인류의 복지를 포함한 큰 선을 이루는 데 사용함으로써 지속적인 행복을 누리는 삶인데, 이는 아리스토텔레스의 유다이모니아의 행복 개념을 계승한 것이다. 아리스토텔레스에게 진정한 행복이란 자신의 덕목을 확인하고 덕목을 계발하며 덕목에 맞게 살아가는 것을 의미한다. 의미 있는 삶을 살기 위해서는 자신의 덕목을 계발하고 발휘해서 가족·사회·국가·인류의 행복증진에 기여할 때 가장 행복하고도 숭엄한 삶을 영위할 수 있는 것이다.

> **유다이모니아(eudaimonia)**
> 아리스토텔레스(Aristotle : 384~322 B.C.)는 도덕적 완성이나 덕목 구현과 같은 이상적 목표를 지속적으로 지향하는 삶이 진정한 행복감을 준다고 보았다. 유다이모니아로 이끌 수 있는 열두 가지 덕목(용기, 관용, 자존, 친밀, 재치, 정의, 절제, 희망, 온유, 정직, 양심, 고결)을 계발하고 함양함으로써 행복한 삶을 살 수 있다고 보았다.

세 번째 '몰입하는 삶(engaged life)'은 자신이 좋아하거나 추구하는 일에 열정적으로 참여하고 몰두함으로써 목적 달성을 추구하는 삶이다. '몰입'은 일(예 : 과제, 독서, 스포츠, 예술 등)에 고도로 집중한 나머지 마치 활동과 하나가 된 듯 시간 가는 줄도 모르고 빠져드는 것이다. 일에 몰입할 때는 시간이 빨리 간다. '몰입'은 좋아하는 일을 할 때, 일이나 과제를 자발적이라 인식할 때, 과제 난이도와 수행능력의 수준이 최적의 균형을 이룰 때 가장 많이 발생한다. 일에 자신감을 가지고 열정적으로 몰입할 때 자신의 역량을 최대로 발휘할 수 있고, 행복감을 느낄 수 있다. 셀리그만(2004)은 몰입을 현재에 대한 긍정적 정서 중 가장 중요한 것으로 평가한다.

세 가지 다른 삶의 기능에 따라 어느 정도 삶에 만족하는지 살펴본 연구 결과, 자아실현적 행복의 목표와 활동에서 의미를 추구하는 사람들이 즐거움을 추구하는 사람보다 삶의 만족도가 훨씬 더 높을 뿐만 아니라 장기적 행복에도 더 많이 기여하는 것으로 나타났다(Peterson, Park, & Seligman, 2005). 때문에 행복을 연구하는 긍정심리학자들은 삶의 만족감을 갖기 위해서는 행복에 이르는 방법이 하나로는 부족하고, 그 이상의 방법이 필요하다고 주장한다. 셀리그만은 행복이 충만한 삶이란 '즐거움', '의미', '몰입' 세 요소를 모두 갖추었을 때이며 셋을 합한 값은 각각을 따로 합한 값보다 훨씬 크다고 강조한다.

류보머스키는 대부분 우리들 자신이 행복한지, 행복하지 않은지 본능적으로 알기에 굳이 행복에 대한 정의를 필요로 하지 않는다면서도 행복을 '기쁨, 만족 또는 웰빙을 누리면서 자신의 삶이 좋고 의미 있으며 가치 있다고 생각하는 상태'로 정의한다. 류보머스키의 행복에 대한 정의는 긍정심리학자들이 규정하는 행복한 삶—'즐거움', '의미', '몰입'이 합치된 삶—과 거의 일치한다.

〈표 2〉는 행복 상태가 어떠한지 측정해 볼 수 있도록 류보머스키(2008)가 제작한 '주관적 행복 척도(subjective happiness)'를 소개한다.

〈표 2〉 주관적 행복 척도

다음의 진술이나 질문을 읽고 당신을 가장 적절하게 묘사한다고 생각되는 숫자에 동그라미를 치십시오(4개 각 문항마다 척도의 양 끝에 표시된 표현이 다르다는 사실에 유의하십시오).

1. 나는 자신이 대체로 ________이라고 생각한다.

   매우 행복하지 않은 사람 ①…②…③…④…⑤…⑥…⑦ 매우 행복한 사람

2. 대부분의 내 연배들과 비교해 볼 때 나는 자신이 ________라고 생각한다.

   덜 행복하다. ①…②…③…④…⑤…⑥…⑦ 더 행복하다.

3. '어떤 사람들은 대체로 매우 행복하다. 그런 사람들은 삶에서 어떤 일이 일어나든 상관없이 모든 것을 최대한 누리면서 삶을 즐기는 것 같다.' 이 진술은 당신을 묘사하는데 어느 정도나 해당되는가?

   전혀 해당되지 않는다. ①…②…③…④…⑤…⑥…⑦ 매우 크게 해당된다.

4. '어떤 사람들은 대체로 별로 행복하지 않다. 우울증을 앓는 것은 아니지만 그들이 마땅히 행복해야 할 만큼 행복해 보이지 않는다.' 이 진술은 당신을 묘사하는데 어느 정도나 해당되는가?

   매우 크게 해당된다. ①…②…③…④…⑤…⑥…⑦ 전혀 해당되지 않는다.

※ 점수 계산방법 : 1단계 : 각 문항 점수 합산, 2단계 : 산출한 총점을 4로 나눈 수치
※ 행복 점수가 5, 6보다 낮으면 평균적인 사람들보다 덜 행복하고, 그 이상이면 더 행복함
여러분의 점수가 어떻게 나왔든 그보다 더 행복해질 수 있다는 사실이 중요함

4) 행복의 결정 요소

류보머스키와 동료들(2005)은 다양한 연구를 통해 행복을 결정하는 가장 중요한 요소들을 분석해 파이 도표로 다음과 같이 제시했다.

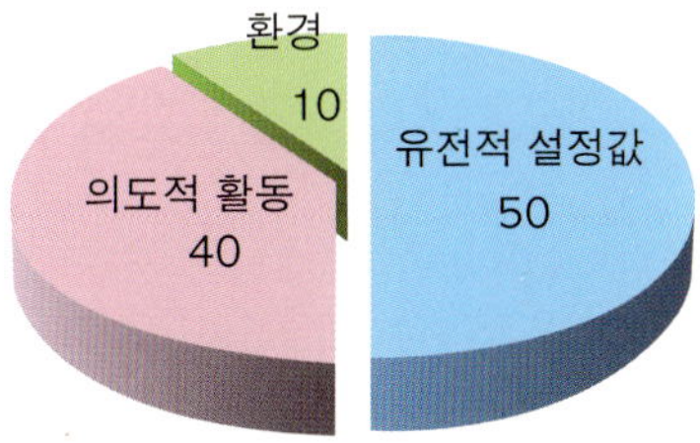

[그림 1] 무엇이 행복을 결정하는가?

행복 = 유전적 설정값(50%) + 환경(10%) + 의도적 활동(40%)

류보머스키(2008)에 의하면, 첫째, '유전적 설정값(set point)'은 사람마다 부모 모두로부터 또는 각각으로부터 물려받은 행복의 유전적 기질을 말한다. 행복 수준의 차이는 50%까지는 유전 때문인 것으로 설명할 수 있다. 행복의 '유전적 설정값' 때문에 우리는 크고 작은 긍정적 또는 부정적인 사건을 겪더라도 시간이 지나면 행복감이든 불행감이든 원래 설정된 값으로 되돌아오기 때문에 높거나 낮은 수준의 행복감이 평생 유지된다. 유전자의 100%를 공유하는 일란성 쌍둥이들의 경우 함께 살든 태어나자마자 헤어지든 간에 행복 점수가 매우 비슷했다. 반면, 보통 형제자매처럼 유전자의 50%를 공유하는 이란성 쌍둥이들은 한 형제의 행복 수준을 안다 해도 다른 형제의 행복 수준을 짐작할 수 없었다.

둘째, '환경'은 삶의 조건(예 : 성, 나이, 지역, 민족, 재산, 소득, 미모, 부모의 이혼, 교통사고, 친구들의 왕따, 인기 등)을 의미하며, 행복의 개인적 차이 중 10% 정도 설명해 줄 수 있다. 과거에 비해 소득이 두 배 이상으로 증가했거나 다양한 생활전기용품을 사용하게 되었다고 해서 삶의 만족도가 두 배로 올라가지는 않는다. 부자들 중 1/3은 돈이 문제를 해결해 주기보다는 더 많은 문제를 일으켰다 했고 성형수술로 만족감, 행복감이 높아져도 일시적일 뿐 오래 지속되지 않는 것으로 나타났다. 그 이유는 인간이 감각적이고 생리적인 변화에 빠르게 익숙해지는 '쾌락적응(hedonic adaptation)' 현상이 일어나기 때문에 기대가 점점 더 높아지면서 실망도 더 커지게 된다.

셋째, '의도적 활동'은 우리가 의도적으로 취하는 행동, 사고, 전략으로서 행복의 개인적 차이 중 40%를 설명해 줄 수 있다. 행복한 삶을 누리는 사람들은 유전이나 환경 때문이 아니고 의도적으로 노력을 기울여 활동을 하면서 행복을 만들어 간다. 행복한 사람들은 현실에 만족하고 가만히 있는 것이 아니라 끊임없이 의미 있는, 가치 있는 일을 찾고 몰입하며 목표를 성취하려고 노력한다. 자신의 강점, 재능을 날마다 발휘함으로써 삶의 만족과 진정한 행복을 자아낸다. 행복 수준을 증진, 상승, 촉진시키려면 진정으로 행복한 사람들의 행동 패턴을 배우고 따라 하고 연습해야 한다.

류보머스키가 파악한 행복한 사람들의 행동 패턴

- 가족과 친구들에게 많은 시간을 할애하면서 관계를 돈독하게 만들고 즐긴다.
- 자기가 가지고 있는 모든 것들에 대해서 감사한다.
- 동료나 낯선 사람에게 맨 먼저 도움의 손길을 내민다.
- 미래를 낙관적으로 상상한다.
- 삶의 즐거움을 음미하며 현재의 순간에 충실해지려고 노력한다.
- 규칙적으로 운동하는 습관을 가지고 있다.
- 평생에 걸쳐 지속할 수 있는 목표와 포부에 깊이 헌신한다.
- 스트레스와 슬픔, 시련에 대처할 때 균형을 잃지 않으며 단호하다.

유전적 설정값을 변경시킬 수 없고 삶의 환경을 변화시키는 것도 그리 간단하거나 쉬운 일이 아니며 때로 비현실적이기도 하다. 그러나 다행히도 행복 파이도표 40% 조각의 쟁취 여부는 우리의 결심과 실천 여부에 달려있다. 류보머스키(2008: 97)의 말대로 "행복의 원천은 당신이 어떻게 행동하며 무엇을 생각하고 매일 어떤 목표를 세우는가에서 찾을 수 있다." 우리가 행복교육을 유아기부터 해야 하는 이유도 바로 여기에 있다. 에른스트 게마허(Ernst Gehmacher)에 의하면 이미 여러 나라의 중·고등학교에서는 '행복수업(happiness lessons)'을 실행해서 성공적인 결실을 보고 있다(Bormans, 2012). 유아들도 행복에 대해 관심을 갖고 발견하며 경험하고 실천하도록 교육함으로써 유아들 스스로 행복을 증진하고 유지할 수 있게 해야 한다.

5) 행복증진에 공헌하는 성격 강점(Character Strengths)

> 행복해지는 것은 삶의 목표이다. 그러나 덕목은 행복의 기반이다.
> -토마스 제퍼슨-

행복을 증진시키는 방법, 고난과 역경을 극복한 사람들의 특성(성격 강점과 덕목)에 관심을 갖는 긍정심리학자들에게는 행복한 삶을 설명하는 용어와 행복한 삶의 요소를 연구하는 평가방법이 중요하다. 피터슨과 셀리그만(2009)은 긍정적인 청소년 발달을 설명할 수 있는 개념적이고 경험적인 도구를 개발하기 위해 가치 실행(Values in Action) 연구소를 설립하고 '성격 강점과 덕목(character strength and virtues)'의 분류 체계를 개발했다.

피터슨과 셀리그만은 각 시대, 문화권, 종교계에서 덕목으로 인식하고 숭배해 온 수십 개의 성격 강점들을 찾아 열 가지 준거—① 자신과 타인의 행복한 삶에 기여, ② 도덕적 가치, ③ 타인에의 영향, ④ 부정적 반의어, ⑤ 측정 가능성, ⑥ 차별성, ⑦ 보편성, ⑧ 신동, ⑨ 결핍자의 존재, ⑩ 촉진제도—를 놓고 검토한 뒤 24개 강점과 6개 덕목으로 구성된 분류 체계를 구성했다. '성격 강점과 덕목 분류 체계'의 준거 ①에 '자신과 타인의 행복한 삶에 기여'가, 준거 ②에 '도덕적 가치'가 선정된 것을 보면 아리스토텔레스의 자기실현적 행복관을 철학적 기반으로 삼았음을 알 수 있다. 아리스토텔레스는 행복한 삶이란 욕구 만족을 통해 일시적 쾌락을 즐기는 것이 아니라 도덕적 덕목을 계발하고 함양함으로써 구현되는 것임을 주장했기 때문이다.

성인들은 대부분 3~7개 정도의 성격 강점을 가지고 있다고 대답한 것으로 나타났다. 행복한 삶을 위한 필수조건은 자신의 성격 강점을 찾아내고 계발해서 일, 학업, 인간관계, 자녀양육에 날마다 활용해 발휘하는 것이다. 대표 강점(signature strength)은 개인이 소유한 강점들 중에 뛰어나고 빈번히 사용되는 강점이다. 성격 강점을 파악하는 기준은 다음과 같다(Seligman, 2004).

대표 강점을 파악하는 기준

- 진짜 나다운 것이라는 자신감이 생긴다.
- 발휘하는 순간 흥분의 도가니에 휩싸인다.
- 처음 습득한 이후부터 급속하게 발전한다.
- 꾸준히 계발하기 위해 새로운 방법을 계속 익히고 싶다.
- 그 강점을 활용할 수 있는 방법을 이모저모로 궁리한다.
- 그 강점을 활용할 때 자신을 제어하기 힘들다.
- 그 강점을 발휘하는 동안 피곤하기는 커녕 의욕이 솟는다.
- 그 강점을 밑천 삼아 창업이나 개인사업을 하고 싶다.
- 그 장점을 활용할 때 황홀경에 빠지기까지 한다.

〈표 3〉은 피터슨과 셀리그만이 개발한 성격 강점과 덕목의 분류 체계이다(Peterson & Seligman, 2009).

〈표 3〉 성격 강점과 덕목

덕목	성격 강점
지혜와 지식(wisdom & knowledge) 지식 획득과 사용을 포함하는 인지적(cognitive) 강점	창의성(creativity) 일을 할 때 새롭고 생산적인 방법으로 생각하기, 예술적 성취를 포함하나 그것에만 국한되지 않기
	호기심(curiosity) 참여하는 활동에 대해 호기심 갖기, 매력적 과제와 주제 찾기, 탐색과 발견
	학구열(love of learning) 새로운 기술, 주제, 지식 숙달하기
	개방성(open-mindedness) 모든 측면을 고려하여 조사하고 판단하기, 증거에 근거하여 생각 변화시키기, 모든 증거를 동등한 비중으로 고려하기
	통찰(perspective) 타인에게 지혜로운 조언을 제공할 수 있음, 자신과 타인이 충분히 납득할 수 있는 세상을 보는 방식을 갖는 것
용기(courage) 내적 · 외적 반대에 직면하여 목표를 성취하기 위한 의지의 사용을 포함하는 정서적(emotional) 강점	진정성(authenticity) 진실을 말하는 것뿐만 아니라 진실한 방법으로 자신을 표현하기, 속이지 않기, 자신의 감정과 행동에 책임지기
	용기(courage) 위협, 도전, 어려움, 고통 앞에 주눅 들지 않기, 반대해도 옳은 것 말하기, 대중적 호응을 얻지 못해도 확신을 갖고 행동하기, 육체적 용기뿐만 아니라 확장된 의미까지 포함하는 것
	인내(persistence) 한번 시작한 것은 반드시 끝마치기, 어려움을 감수하고 하던 것을 지속하기, 임무를 완수하는 데에서 즐거움을 느끼기
	활기(vigor) 열의와 에너지를 갖고 삶에 임하기, 대충하거나 열의나 성의 없이 일하지 않기, 모험하듯 삶을 살기, 뜨겁게 살아있음을 느끼기
인간애(humanity) 타인을 돌보고 친구가 되어주는 것을 포함하는 대인간 강점	친절(kindness) 타인에게 호의를 베풀거나 선한 행동을 하기, 타인을 돕기, 보살피기
	사랑(love) 타인과의 친밀한 관계에 가치 두기, 특히 상호호혜적으로 나눔과 배려 실천하기, 사람들과 가깝게 지내기
	사회적 지능(social intelligence) 타인의 동기와 감정 인지하기, 다른 사회적 상황에 적응하기 위해 해야 할 일 알기, 사람의 마음 움직이는 방법 알기
정의(justice) 건강한 공동체 생활을 이루는 시민정신과 관련된 강점	공정함(fairness) 공정하고 정의롭게 모든 사람을 대하기, 타인에 대한 판단에서 사적인 감정으로 편향되지 않기, 모두에게 공평한 기회 주기
	리더십(leadership) 일을 추진할 때 내가 속한 집단을 고무하고 집단 내에서 좋은 관계를 맺기, 집단활동을 조직하고 관심 갖기
	협동심(teamwork) 집단과 소그룹의 구성원으로서도 열심히 일하기, 집단에 충실하기, 공유하기

덕목	성격 강점
절제(temperance) 무절제를 막는 강점	용서/자비(forgiveness & mercy) 잘못한 사람을 용서하기, 사람들에게 기회 한번 더 주기, 앙심품지 않기
	겸손/겸양(humility/modesty) 자신의 업적을 떠들어대지 않기, 주목받으려고 하지 않기, 타인과 비교하여 나만 특별하다고 생각하지 않기
	신중함(prudence) 신중하게 선택하기, 과도한 위험을 감수하지 않기, 나중에 후회할 만한 일을 하거나 말하지 않기
	자기조절(self-regulation) 내가 느끼고 행동하는 것을 조절하기, 자신을 통제하기, 나의 욕구와 정서를 조절하기
초월성(transcendence) 보다 큰 우주와 점진적으로 연결되며 의미를 부여하는 강점	심미안(appreciation of beauty and excellence) 미와 탁월성을 감지하고 향유하기, 자연에서 예술·수학·과학 등 모든 일상적인 경험에 이르기까지 삶의 모든 영역에서 수준 높은 성취를 보이기
	감사(gratitude) 내게 일어난 좋은 일을 감지하고 감사하기, 감사를 표현하는 시간 갖기
	희망(hope) 일이 잘 될 것으로 기대하고 성취하기 위해 노력하기, 좋은 날이 펼쳐질 것을 믿기
	유머(humor) 웃고 장난치는 것을 좋아하기, 타인에게 웃음을 안겨주기, 밝은 면을 보기, 꼭 필요한 말이 아니더라도 유쾌한 농담하기
	종교성/영성(religiousness/spirituality) 더 높은 목적과 우주의 의미에 대한 믿음 갖기, 내 존재가 큰 틀 속에 부분임을 알기, 의미 있는 삶이 사람의 행동을 좌우하며 편안하게 만들어줌을 믿기

셀리그만(2004)은 사람들이 대표 강점을 활용할 때 자신감을 갖고 열정적으로 몰입해 자신의 역량을 최대한 발휘할 수 있으므로 행복의 수준을 높일 수 있다고 주장한다. 또한 사람들이 강점을 연마하여 필요한 곳에서 발휘한다면, 약점으로 인해 겪게 되는 시련을 이겨낼 수 있는 힘을 얻게 될 뿐만 아니라 약점도 서서히 강점으로 변화할 수 있다고 주장한다. 결국 대표 강점을 일상에서 활용하면서 지내는 것이 더 큰 만족과 진정한 행복에 이르는 가장 확실하고도 빠른 길이다.

피터슨(2010)은 성격 강점과 행복의 관계를 연구한 결과 성인, 청소년 그리고 부모들이 기술한 유아들까지도 학구열과 같은 인지적 강점보다는 정의적 강점인 활기, 감사, 희망, 사랑이 삶의 만족에 더 강한 상관이 있는 것으로 나타났다. 또한 한 사람이 모든 성격 강점을 가질 수 있는지 살펴본 연구에서 긍정적인 결과가 나왔는데, 이는 행복증진을 위해 가능한 많은 성격 강점을 계발하도록 교육하고 지원할 필요성이 있음을 시사한다.

2. 행복한 유아 탐구

인생의 궁극적인 목표는 '행복한 삶'이다. 사람들은 언제나 행복하기를 원하고, 이는 유아들도 예외가 아니다. 유아들도 행복한 삶을 원한다. 유아들이 행복하도록 도와주고, 지켜주기 위해 가정과 학교, 사회 여러 분야에서 노력해야 한다. 행복을 주제로 한 연구들은 대부분 청소년기나 성인기에 초점을 맞추었고 유아 대상의 행복 연구들은 걸음마를 시작한 단계라 할 수 있다. 유아들의 행복에 영향을 미치는 요인이나 행복의 구성 요인에 대한 국·내외 연구 결과를 토대로 행복증진을 위한 노력이 있어 왔다. 그러나 정작 유아들이 행복에 대해 어떻게 인식하고 있는지 또는 행복과 관련해서 무엇을 원하는지 유아들로부터 직접 듣고 분석한 연구물은 국내든 국외든 찾아보기 어렵다. 행복에 대한 유아들의 생각에 귀 기울이고 탐구할 필요가 있다.

1) 유아 대상의 '행복' 연구들

유아들의 행복에 대한 연구는 유아들의 행복에 영향을 미치는 요인이나 구성 요인과 같은 유아들의 행복감 증진에 기여하는 요인에 대한 연구들과 행복에 대한 유아들의 인식에 대한 연구로 나누어볼 수 있다. 먼저, 유아들의 행복감 증진에 기여하는 요인에 대한 연구로 3~9세 유아의 성격 강점과 행복감 간의 관계를 살펴본 박과 피터슨(Park & Peterson, 2006)의 연구를 들 수 있다. 연구 결과 '사랑', '열정', '희망' 등의 성격 강점은 모든 연령의 유아 행복감과 관련성이 높으나 '감사'의 경우 7세 이상 유아들에게만 관련성이 나타났다. 홀더와 콜맨(Holder & Coleman, 2009)은 행복과 사회적 관계에 대해 연구한 결과 가족과 친구와의 긍정적인 사회적 관계가 유아들의 행복을 증진시킬 수 있음을 주장했다.

김도란과 김정원(2008)은 부모의 행복감과 유아의 행복감이 정적인 상관관계를 보여 부모의 행복감이 높을수록 유아의 행복감이 높은 것으로 보고했다. 이와 같은 연구 결과들은 유아의 성격 강점, 가족과 친구와의 긍정적인 관계, 부모의 행복감 등이 유아들의 행복감 증진에 영향을 미침을 보여준다.

유아들의 행복에 대한 인식에 관한 연구를 보면 다음과 같다. 김세희와 강순미(2008)는 그림책 읽기 및 관련 활동으로 인한 유아의 행복에 대한 개념이 '몸과 마음의 편안함'과 '긍정적 대인관계'에서 '개인적 성장과 삶의 목적 추구'로 점차 확장됨을 보고했다. 토일리에즈(Thoilliez, 2011)는 유아들의 행복에 대한 다양한 생각을 '긍정적인 정서', '활력을 주는 사건과 일상', '열망', '재능', '관계'의 측면에서 인터뷰 및 설문지를 통해 살펴보았다. 유아들은 연령이 어릴수록 그들의 삶에 대해 스스로 만족하는 모습을 보인 반면, 연령이 높아질수록 삶의 만족감을 표현하는 데 신중한 모습을 보였다. 또한 유아들은 타인과 타인으로부터 행복을 경험하고 있기 때문에 현재 유아들이 처한 상황과 미래 처하게 될 상황을 고려하여 유아들의 행복을 증진시키기 위한 성인의 도움이 필요하다고 주장했다. 유아가 인식하고 있는 행복의 의미를 인터뷰와 그림으로 분석한 김성숙(2013)의 연구에 따르면 유아들은 행복을 '물질적 풍요', '좋은 기분', '사랑하는 사람들과의 친밀한 관계', '일상에서 느끼는 보람'으로 인식하고 있는 것으로 나타났다.

이상의 연구 결과로부터 유아들은 자신의 삶 속에서 행복을 인식하고 경험하며 유아들이 느끼는 행복감은 그들이 처한 사회적 환경에 영향받고 있음을 알 수 있다. 따라서 유아교육자들은 유아들의 행복에 보다 많은 관심을 갖고 적극적으로 지원할 필요가 있다. 이와 더불어 유아들이 스스로 행복을 발견하고 연습할 수 있는 교육활동을 개발하고 실행해야 할 것이다.

2) '행복'의 개념에 대한 유아들의 생각

본 연구진이 2012~2013년에 유치원과 어린이집에 재원 중인 만 3, 4, 5세 유아 274명을 대상으로 행복의 개념에 대한 인식을 알아본 결과를 소개하면 다음과 같다.

민호는 "행복하다"라는 말을 들어봤나요? "행복하다"는 말의 뜻은 무엇일까요? 사람들이 "행복하다!", "행복해~"라고 말하는데 어떨 때 "행복하다"고 하는 걸까요? 민호는 "아~ 행복해!"라고 생각한 적이 있나요? 어떨 때 "행복하다!"는 생각이 들었나요?

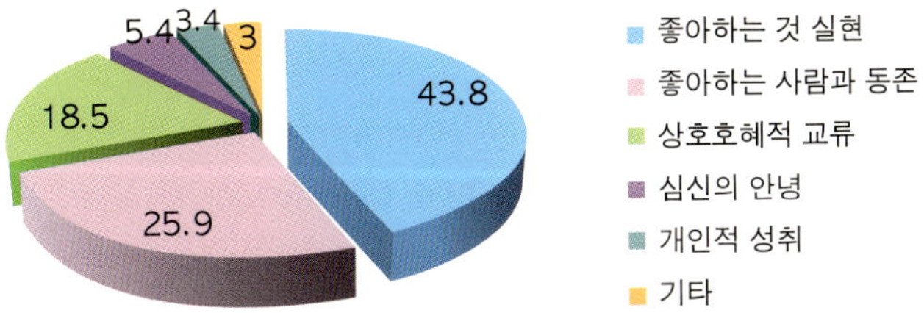

[그림 2] 행복의 개념에 대한 유아들의 인식

유아들은 행복한 경험을 '좋아하는 것 실현', '좋아하는 사람과 동존', '상호호혜적 교류', '심신의 안녕', '개인적 성취'로 묘사했다. 이 중 '좋아하는 것 실현'이란 유아 자신이 좋아하는 놀이를 하거나 경험하는 것을 포함하며, '상호호혜적 교류'란 타인과 사랑, 도움, 칭찬, 물질을 주고받은 경험을 의미한다. 유아들이 행복하다고 생각한 때를 다음과 같이 말해 주었다.

- 엄마가 안아줄 때 – 그때 마음이 따뜻한 기분이 들었어요. (만 5세, 여아)
- 집에서 엄마와 고구마 맛탕 먹을 때 행복해요. (만 4세, 남아)
- 아빠가 일찍 오시거나 엄마가 맛있는 밥을 차려주실 때 (만 5세, 여아)
- 축구에서 골 넣었을 때 좋았어요! (만 4세, 남아)
- (행복은) 사랑하는 거예요. 친구가 나와 같이 놀아주지 않다가 지금은 사과하고 같이 놀게 되었어요. (만 3세, 여아)

유아들은 사람들과의 상호호혜적이고 의미 있는 관계 속에서 더욱 행복을 느끼고 있었다. 유아들의 행복은 가족으로부터 오며, 특히 엄마는 유아의 행복에 큰 영향을 미치고 있음을 알 수 있다. 유아들의 행복의 근원이 대부분 부모임을 놓고 볼 때 부모와 안정된 생활이 어려운 어린이들과 가족들에 대한 관심과 적절한 지원이 필요함을 알 수 있다. 유아들은 놀이할 때 행복하며, 특히 놀이에서 자신이 좋아하는 것을 실현하고 좋아하는 사람과 함께 놀이할 때 더 많은 행복을 느꼈다. 유아들이 자발적으로 놀이하는 환경 조성과 부모 및 교사의 주의 깊은 관찰이 요구된다. 향후 다양한 지역, 문화, 계층 유아들의 행복에 대한 인식을 살펴보고, 이를 토대로 유아들의 행복한 삶을 지원하는 효과적인 방안을 모색하는 연구가 활발히 이루어지기를 기대한다.

3) 유아들의 그림에 나타난 '행복 경험'

본 연구진이 2012~2013년 유치원과 어린이집에 재원 중인 만 3, 4, 5세 유아 310명이 그린 행복했던 경험을 분석한 결과를 소개하면 다음과 같다.

유아들이 행복 경험에 등장한 인물은 '가족구성원'이 59.7%로 가장 많이 나타났고, 다음으로 '친구' 13.2%, '혼자' 11.4%, '친척 및 조부모' 7.8%, '기타' 7.9% 순서로 나타났다. 유아들이 행복을 느끼게 해 주는 사람은 '가족구성원'이었다. 다음은 가족구성원과 행복을 공유하는 내용을 그린 그림이다.

[그림 3]
교실에서 엄마를 기다리다가, 드디어 엄마가 오셔서 반가워서 달려 나가고 있어요. 그때 엄마가 안아주어서 행복해요. 엄마가 백합반 교실 문 앞에 있을 때 행복해요. 행복은 사랑하고 기분 좋은 것이에요. (김세연, 만 3세 여아)

세연이는 어린이집 하원 시간에 교실에서 엄마가 오기를 기다리다가 엄마를 만났을 때와 엄마 만나서 안아줄 때가 가장 행복했다며 행복은 사랑하고 기분 좋은 것이라고 설명했다. 세연이처럼 엄마의 존재만으로도 행복하다는 유아들이 많았다. 유아들의 그림에 친척이나 조부모, 형제 등은 부모에 비해 적게 나타났는데, 이는 현대가족사회의 특징(예 : 핵가족, 외동아이 가정 등)이 반영된 것으로 본다.

[그림 4]
엄마, 아빠, 현서가 공놀이를 했을 때에요. 던지고 받고 놀이하는 게 재미있었어요. 눈 오는 날 놀이터에서 놀이하는 모습이에요. 눈사람도 엄마, 아빠랑 함께 만들었어요. 눈사람을 장갑으로 꾸며줬어요. (이현서, 만 5세 여아)

현서는 엄마, 아빠와 함께 놀던 때 중, 공놀이할 때와 눈사람을 만들던 때가 가장 행복했다고 회고했다. 현서는 부모와의 즐거웠던 때를 행복한 시간으로 생생히 기억하고 있었다. 현서는 놀이 중에서도 신체를 활발하게 움직일 수 있는 실외놀이, 자유롭고 창의적 시도가 가능한 놀이, 협동놀이를 소중한 시간으로 간직하고 있었다.

유아들의 행복 경험에 등장한 인물들—가족, 친척, 형제, 친구, 자연—을 그림과 함께 소개한다.

[그림 5]
집에서 엄마랑 잘 때 엄마랑 같이 자요. 행복해요. (최소은, 만 3세, 여)

[그림 6]
오른쪽 그림 : 엄마를 도와드려서 밥상 차리는 거예요. 엄마랑 같이 밥상도 차려서 행복했어요. 민지는 스프 젓는 거 도와주고 민영이(동생)는 나를 도와주었고, 아빠는 민영이가 도와주는 거에요.
왼쪽 그림 : 캠핑 가서 텐트 치고 노는 모습이에요. 아빠, 엄마, 민지, 민영이랑 갔어요. 가서 간식도 먹고 아빠가 텐트 치는 동안 밖에서 놀고 있어요. (김민지, 만 4세, 여)

[그림 7]
저는 엄마, 아빠 어깨를 주물러 주면 행복할 거 같아요. (이호진, 만 5세, 남)

[그림 8]
유희실에서 친구들이랑 공놀이할 때 재미있었어요. 혼자 하면 재미가 없는데, 친구들이 함께 있어줘서 기분이 좋았고, 친구들과 함께 하는 것이 행복이라고 느껴져요. (정윤지, 만 5세, 여)

[그림 9]
대천 할머니 댁에 놀러가서 고모할머니와 낚시를 했어요. 부모님, 나, 할머니와 함께 했는데, 물고기가 오랫동안 잡히지 않아서 속상했어요. 하지만 마지막에는 큰 물고기를 잡아서 기분이 좋았어요. (김하준, 만 5세, 남)

[그림 10]
잔디밭에서 꽃, 새싹을 보니까 좋아요. 꽃은 예쁘니까요. 꽃을 코에 대고 있으면 간지러워서 재미있어요. 그냥 꽃인데 내가 장미꽃이라고 지어주었어요. 분꽃도 있어요. 꽃을 보면 행복해요. 예쁘잖아요. (안동빈, 만 4세, 남)

유아들의 행복 경험을 함께 했던 인물들은 가족, 친척, 친구, 자연 등 다양했으나 부모가 많았고, 그 중에서도 엄마가 가장 많았다. 부모와 교사들은 유아들의 행복증진을 위해서 유아들이 중요한 타인들로부터 사랑과 관심을 받는다고 느낄 수 있도록 지원하고 긍정적인 관계를 맺을 수 있도록 지도해야 한다. 또한 유아들이 자연을 포함해 다양한 행복의 원천을 발견하고 음미할 수 있도록 지도해야 한다. 향후 사회·문화적으로 다양한 특성을 지닌 유아들의 행복에 대한 인식 및 행복증진 교육활동 개발이 활발히 이루어지기를 기대한다.

3. 유아 행복증진 교육활동 탐구

우리는 청소년들이 인생의 행복과 복지가 다른 사람들의 도움이나 보호가 아니라 필연적으로 자기 자신과 자신의 노력 여하에 달려있다는 생각을 하면서 성장하도록 도와야 한다.

－새뮤얼 스마일(현대 자기계발 운동의 아버지)－

1) 유아의 행복을 증진하는 교육활동

유아의 행복을 증진시키는 교육활동은 어떤 것일까? 유아교사의 행복증진 프로그램에 대한 연구(최윤정·이경민, 2012)는 있으나 아쉽게도 유아의 행복을 증진시키는 프로그램에 대한 연구는 찾아보기 어렵다. 본 연구진을 포함한 긍정심리학자들, 행복연구자들이 행복증진에 효과적인 연습활동으로 제시한 활동들을 소개하면 다음과 같다.

〈표 4〉 행복증진에 효과적인 행복연습/교육활동들

류보머스키 : 12가지 행복연습 (2008)	탈 벤-샤하르 : 행복 6계명 (2008)	홍용희 외 : 유아 행복증진 교육 활동 주제(2013)	크리스토퍼 피터슨 : 행복연습 (2010)	서울대행복연구센터 : 행복원리 (2011)
목표에 헌신하라	인간적인 감정을 허락하라	감사하기	나의 유언장 쓰기	감사하기
몰입체험을 늘려라	행복은 즐거움과 의미가 만나는 곳에 있음을 알라	도와주기	좋은 일 세 가지 쓰기	목표 세우기
삶의 기쁨을 음미하라	행복은 사회적 지위나 통장잔고가 아닌 마음먹기에 달려있음을 잊지 말라	웃기	칭찬하기 (다른 사람을 빛나게 하기)	비교하지 않기
감사를 표현하라	단순하게 살라	칭찬하기	친절을 실천하기	관점 바꾸기
낙관주의를 길러라	몸과 마음이 하나라는 것을 기억하라	욕심 부리지 않기	좋은 하루 만들기	음미하기
과도한 생각과 사회적 비교를 피하라	기회가 있을 때마다 감사를 표현하라	용서하기	음미하기	관계를 돈독하게 하기
친절을 실천하라		건강 돌보기	감사편지를 쓰고 배달하기	몰입하기
인간관계를 돈독히 하라			대표 강점을 확인하고 새로운 방식으로 사용하기	나누고 베풀기
대응전략을 개발하라			자신의 행복 프로파일 그리기	용서하기
용서를 배워라				
종교생활과 영성훈련을 하라				
몸을 보살펴라				

유아를 위한 행복증진 교육활동에 선정된 주제는 '감사하기', '도와주기', '웃기', '칭찬하기', '욕심 부리지 않기', '용서하기', '건강 돌보기' 모두 일곱 가지이다.

2) 유아의 행복증진 교육활동의 주제 선정 기준

본 연구에서는 유아를 위한 행복증진 교육활동의 주제 선정에 다섯 가지 기준을 적용했다. 첫째, 피터슨과 셀리그만(2009)이 구축한 성격 강점과 덕목 분류 체계에 제시된 다각적 성격 강점을 계발하고 발휘해서 지속적 행복감을 갖게 하는 주제들을 선정했다.

'감사하기'는 자신에게 도움이 된 다른 사람의 말과 행동에 대해 고마움 또는 보답하고자 하는 마음을 느끼거나 표현하는 것으로 다른 사람에게 감사의 마음을 표현할 때 사랑(인간애), 리더십(정의), 겸손/겸양(절제), 심미안·감사·희망(초월성)의 성격 강점(덕목)을 필요로 하고 또한 발휘하게 된다.

'도와주기'는 다른 사람이나 그의 일을 위해 거들거나 어려운 처지에서 벗어나도록 애써주는 것으로 남을 도와줄 때는 용기(용기), 친절·사회적 지능(인간애)의 성격 강점(덕목)을 필요로 하고 또한 발휘하게 된다.

'웃기'는 기쁘거나 만족스럽거나 우습거나 어처구니가 없거나 하여 얼굴을 활짝 펴거나 소리를 내서 그 마음을 나타내는 것인데, 다른 사람들을 향해 웃을 수 있는 것은 친절·사회적 지능(인간애)과 유머·희망(초월성)의 성격 강점(덕목)을 필요로 하고 또한 발휘하게 된다.

'칭찬하기'는 다른 사람의 좋고 훌륭한 점을 들어 추어주거나 높이 평가하는 행위로 다른 사람을 칭찬하려면 통찰(지혜와 지식), 용기(용기), 친절·사랑(인간애), 공정함·리더십(정의), 겸손/겸양(절제), 감사(초월성)의 성격 강점(덕목)을 필요로 하고 또한 발휘하게 된다.

'욕심 부리지 않기'는 어떠한 것을 정도에 지나치게 탐내거나 누리고자 하는 마음을 갖거나 그러한 행동을 하지 않는 것으로 개방성·통찰(지혜와 지식), 진정성(용기), 친절·사회적 지능(인간애), 공정함·협동심(정의), 신중함·자기조절(절제)의 성격 강점(덕목)을 필요로 하고 또한 발휘하게 된다.

'용서하기'는 다른 사람이 자신에게 지은 죄나 잘못에 대하여 꾸짖거나 벌을 주지 않고 너그럽게 보아주는 행위로 누군가를 용서할 때는 통찰(지혜와 지식), 용기(용기), 친절·사회적 지능(인간애), 용서/자비·자기조절(절제)의 성격 강점(덕목), 감사(초월성)을 필요로 하고 또한 발휘하게 된다.

'건강 돌보기'는 자신의 몸이나 정신이 아무 탈이 없이 튼튼하도록 보살피고 챙기는 행위로 호기심·통찰(지혜와 지식), 인내(용기), 사랑(인간애), 자기조절(절제)의 성격 강점(덕목)을 필요로 하고 또한 발휘하게 된다.

유아의 행복증진 교육활동의 주제에 대한 정의와 피터슨과 셀리그만이 제시한 성격 강점 및 덕목과의 연계성은 <표 5>에 제시되어 있다.

〈표 5〉 주관적 행복 척도

유아의 행복증진을 위한 교육활동의 주제 (홍용희 외)	정의	덕목(Peterson & Seligman)	덕목에 포함된 성격 강점
감사하기	자신에게 도움이 된 다른 사람의 말이나 행동에 대해 고마움이나 보답하고자 하는 마음을 느끼거나 표현하기	C. 인간애	사랑
		D. 정의	리더십
		E. 절제	겸손/겸양
		F. 초월성	감사; 희망; 심미안
도와주기	다른 사람이나 그의 일을 위해 거들거나 어려운 처지에서 벗어나도록 애써주기	B. 용기	용기
		C. 인간애	친절; 사회적 지능
웃기	기쁘거나 만족스럽거나 우습거나 어처구니가 없거나 하여 얼굴을 활짝 펴거나 소리를 내서 그 마음을 나타내기	C. 인간애	친절; 사회적 지능
		F. 초월성	유머; 희망
칭찬하기	다른 사람의 좋고 훌륭한 점을 들어 추어주거나 높이 평가하기	A. 지혜와 지식	통찰
		B. 용기	용기
		C. 인간애	친절; 사랑
		D. 정의	공정함; 리더십
		E. 절제	겸손/겸양
		F. 초월성	감사

유아의 행복증진을 위한 교육활동의 주제 (홍용희 외)	정의	덕목(Peterson & Seligman)	덕목에 포함된 성격 강점
욕심 부리지 않기	어떠한 것을 정도에 지나치게 탐내거나 누리고자 하는 마음을 갖거나 그러한 행동을 하지 않기	A. 지혜와 지식	개방성; 통찰
		B. 용기	진정성
		C. 인간애	친절; 사회적 지능
		D. 정의	공정함; 협동심
		E. 절제	신중함; 자기조절
용서하기	다른 사람이 자신에게 지은 죄나 잘못에 대하여 꾸짖거나 벌을 주지 않고 너그럽게 보아주기	A. 지혜와 지식	통찰
		B. 용기	용기
		C. 인간애	친절; 사회적 지능
		E. 절제	용서/자비; 자기조절
		F. 초월성	감사
건강 돌보기	자신의 몸이나 정신이 아무 탈이 없이 튼튼하도록 보살피고 챙기기	A. 지혜와 지식	호기심; 통찰
		B. 용기	인내
		C. 인간애	사랑
		E. 절제	자기조절

둘째, 행복연구자들과 긍정심리학자들이 과학적 탐구의 결과 공통적으로 행복증진에 효과적인 연습활동으로 제시한 것으로 '감사하기', '도와주기'와 '칭찬하기'를 행복증진 교육활동의 주제로 선정했다. '감사하기' 훈련은 긍정성 증진 훈련방법 중 가장 효과적 방법이며 회복탄력성(resilience)을 향상시킨다(김주환, 2011). 유아들이 일상의 크고 작은 일에 감사한 태도를 갖고 감사를 표현하며 감사하는 마음으로 세상을 바라봄으로써 행복을 느끼고 증진시킬 수 있는 교육활동으로 선정했다. '도와주기' 활동도 많은 긍정심리학자와 행복연구자들이 효과적인 행복연습 활동으로 추천한 활동이다. 유아들이 타인의 상황이나 감정에 공감하고 인간애를 발휘함으로써 행복을 실현할 수 있기 때문에 행복증진 교육활동에 포함시켰다. '칭찬하기' 역시 여러 학자들이 타인과 행복하게 공존하

회복탄력성 (resilience)
자신에게 닥치는 온갖 역경과 어려움을 오히려 도약의 발판으로 삼는 힘이며 체계적인 노력과 훈련을 통해 키워나갈 수 있다.

고 인간관계를 돈독히 하기 위해 제시한 방법이다. 유아들이 타인의 긍정적인 면을 바라보고, 이를 칭찬함으로써 자신과 타인의 행복을 증진시킬 수 있도록 했다. 그러나 학자들이 공통적으로 제안한 효과적인 행복증진 활동 중에서 유아 수준에서 이해하기 어렵거나 실행하기 어려운 활동은 선정하지 않았다. 예를 들어 '자신의 목표를 세우고 헌신하기', '삶을 음미하기'나 '몰입하기'와 같은 활동들은 행복에 이르기 위한 효과적인 방법으로 제시되었으나 유아들이 이해하고 실행하는 데에 무리가 있으므로 행복증진 교육활동으로 선정하지 않았다.

셋째, 유아들이 자기중심성을 조절하고 타인들과 상호호혜적인 행복한 관계를 맺도록 지원하기 위해 '욕심 부리지 않기'와 '용서하기'를 행복증진 교육활동의 주제로 선정했다. 자기중심성은 만 3~5세 유아들의 가장 대표적인 발달적 특성 중 하나이다. 유아들의 자기중심적 사고로 인해 타인을 배려하지 못하고 놀잇감, 음식, 순서, 장소 등에 대한 소유권과 우선권을 일방적으로 주장할 때가 많아 유아교육기관에서는 또래간 갈등이 빈번히 일어난다. 나이가 어릴수록, 외동아이거나 부모가 지나치게 허용적으로 키운 유아들에게서 자기중심적이고 이기적인 모습이 많이 나타난다. 자기중심성이 강한 유아들은 타인의 입장을 배려하거나 공정한 판단을 내리기 전에 자신들의 요구와 권리만을 주장한다. 또래간 힘겨루기 과정에서 신체적·언어적·인지적 발달이 앞선 유아들이 욕심을 채우기 위해 다른 유아의 소유물이나 권리를 빼앗거나 폭력을 사용하는 일도 비일비재하다. '욕심 부리지 않기' 주제에 따른 교육활동을 통해 타인과 행복하게 공존하려면 지나친 욕심을 부리지 말아야 함을 유아기에 명확하게 가르침으로써 유아들이 자기중심성에서 벗어나 자신과 타인의 권리를 공정하게 판단하는 능력을 키워주고자 한다. '용서하기'는 잘못을 저지른 타인의 입장을 이해하고 연민을 가지고 용서를 행할 수 있도록 가르치고자 한다. 유아들은 측은지심과 같은 인간애를 바탕으로 타인이 처한 상황과 입장, 잘못으로 괴로워하는 마음에 연민을 느끼고 너그러이 이해하며 받아들이는 마음가짐을 가질 때 우리 자신이 행복해질 수 있음을 배워야 한다.

넷째, 유아들이 지식과 경험의 부족으로 인해 행복의 기회를 놓치지 않도록 정보를 제공하고 지도해 주기 위해 '웃기'와 '건강 돌보기'를 행복증진 교육활동의 주제로 선정했다. '웃기' 주제에 따른 교육활동의 경우 웃을 때 엔도르핀과 다이돌핀이라는 호르몬이 분비되어 행복감이 배가 된다는 과학적 사실을 바탕으로 웃음의 중요성을 인식하고 일상생활에서 웃음과 유머를 즐기는 태도를 습관화하게 했다. 특히 유아들이 행복을 증진하기 위한 지식과 기술을 이해하는 것에서 그치지 않고 실생활에서 연마하고 습관화함으로써 일상에서 행복을 누릴 수 있게 했다. '건강 돌보기' 주제의 경우 유아들이 행복을 위해 건강을 지켜야 함을 이해시키고 건강 돌보는 방법을 지도하는 교육활동으로 구성되었다. 유아들이 스스로 건강의 중요성을 깨닫거나 건강정보를 찾아보거나 건강증진을 위해 힘쓰기를 기대할 수 없기 때문에 구체적으로 가르쳐주고 연습시켜야 한다. 행복연구자들도 건강이 행복한 삶에 중요한 영향을 준다고 주장하며 행복연습 활동으로 건강 유지에 힘쓰기를 제안한다. 규칙적인 운동은 긍정성, 행복의 기본 수준 및 회복탄력성(resilience)을 향상시킨다(김주환, 2011). 전인 발달을 지향하는 유아교육에서 신체건강은 중요한 발달 영역으로서 누리과정의 5개 영역에 '신체운동 및 건강'으로 포함되어 있다(교육과학기술부·보건복지부, 2012).

다섯째, 행복연구자들과 긍정심리학자들의 과학적 탐구 결과 행복증진에 효과적인 연습활동으로 평가받고 있으나 3~5세 누리과정의 지침서와 해설서에 제시·설명된 내용을 놓고 볼 때 행복증진과 관련성이 다소 미흡한 내용을 행복증진 교육활동의 주제로 선정했다. '웃기', '칭찬하기', '용서하기' 주제가 그러하다. 따라서 주제 선정시 누리과정의 영역별 내용과 행복연구자 및 긍정심리학자들이 제안한 다양한 행복연습 활동과 균형을 이루도록 구성했다.

이상의 다섯 가지 기준에 따라 선정된 유아의 행복증진을 위한 주제들을 놓고 다양한 유형의 교육활동을 개발했다. 행복증진 교육활동으로 개발된 22개 활동들은 이야기나누기, 노래, 동화, 조형 활동 등으로 구성되어 있다. 유아들이 다양한 유형의 행복증진 교육활동을 통해 흥미를 가지고 행복증진을 위한 지식과 기술, 태도를 통합적으로 습득, 함양할 수 있도록 했다.

> 헬스나 조깅, 킥복싱, 요가 등 신체적인 운동에 쏟는 시간과 열정을 생각해 보자. 내가 진행한 연구는 행복을 향해서도 그와 비슷한 방식으로 접근해야 한다는 사실을 보여준다. 다시 말해서 지속적으로 더 행복한 상태를 유지하기 위해서는 어떤 영구적인 변화를 일으켜야 하는데, 그러려면 매일의 삶 속에서 꾸준히 노력하고 실행해야 한다는 뜻이다. 행복을 추구하려면 노력이 필요하지만 '행복해지려는 노력'이야말로 당신이 이제껏 해온 일들 중에서 가장 큰 보상을 돌려주는 일이 될 것이다(류보머스키, 2005: 39).

류보머스키의 말처럼 행복은 운이 좋아서 얻어지는 것이 아니라, 이를 목표로 삼아 꾸준히 연습하고 노력하며 실천해야 지속적으로 누릴 수 있는 것이다. 어린이들은 행복한 삶을 살기 원하고 행복한 삶을 누릴 권리가 있다. 그러나 행복한 삶의 권리를 찾으려면 스스로 행복을 위해 노력해야 하고 또한 타인의 행복을 방해해서는 안 된다는 것을 기억해야 한다. 유치원과 어린이집에서 교사와 유아들이 행복증진을 위한 교육활동을 실행하는 가운데 함께 행복을 발견하고 연습하며 공유해서 진정한 행복 만들어가기를 기대한다.

Ⅱ. 유아 행복증진을 위한 교육활동의 실제

유아 행복증진 교육활동 목록

나를 행복하게 해준 분들께 감사드려요!

집단형태 대·소집단 활동

활동유형 이야기나누기

활동목표

- 웃음을 주고받으면 서로 마음이 행복해짐을 깨닫는다.
- 일상 속에서 행복했던 순간을 느끼며 행복을 발견한다.
- 다른 사람들과 행복을 공유하면서 행복을 경험한다.
- 나를 행복하게 해준 사람들에게 감사한 마음을 갖는다.
- 내가 행복해지기 위해 할 수 있는 일을 생각하고 실천한다(만 4·5세).

성격 강점과 덕목

- 인간애 – 사랑
- 절제 – 겸손/겸양
- 초월성 – 감사
  – 희망
  – 유머

활동자료

다양한 웃는 모습 유아 사진 자료

활동방법

○ 유아들의 웃는 표정이 담긴 사진을 보며 웃는 이유를 추론한다. 유아들이 사진 속 등장인물, 배경, 소품, 상황 등을 살펴보며 유추하도록 격려한다.

- 사진 속 어린이의 모습은 어떤가요?
  – 웃고 있다.
- 이 어린이는 왜 웃고 있을까요?
  – 기뻐서, 신나서, 즐거워서, 행복해서 등

- 무엇 때문에 기뻐서(신나서/즐거워서/행복해서) 웃고 있는 것일까요?
- 웃는 모습이 담긴 사진을 보니 어떤 마음이 드나요?
  - 웃고 있는 모습을 보니 내 마음도 기쁘다.
  - 나도 웃음이 나오고 행복해진다.
  - 다른 사람의 웃는 모습을 보기만 해도 마음이 기쁘고 행복해지는 것 같다.

○ 사진 속 등장인물처럼 유아들이 웃었던 순간을 떠올려보며 행복을 느낀다.

- 사진 속 어린이들처럼 활짝 웃었던 적이 있나요?
- ○○반 어린이들이 웃었던 때를 생각해 보세요.
- 언제 웃어보았나요? 무슨 일 때문에 웃게 되었나요?
  - 재미있게 바깥놀이를 했을 때
  - 가족과 함께 놀이공원에 놀러갔을 때
  - 아빠로부터 장난감을 선물 받았을 때

○ 친구들과 행복을 공유하는 경험을 갖는다.

- 눈을 감고 방금 ○○반 어린이들이 웃었던 때를 생각해 봅시다. (Tip 1 참고)
- 웃었던 때를 생각하니 어떤 마음이 들었나요? 어떤 기분이 들었나요?
  - 기분이 좋아진다, 즐거운 마음이 든다, 행복한 마음이 든다, 자꾸 웃음이 나온다.

Tip 1
유아들이 웃었던 상황을 회상할 때 교사는 이전에 유아가 말한 것을 언급해줌으로써 유아가 행복했던 순간을 잘 떠올릴 수 있도록 도와준다.
예) 엄마, 아빠와 함께 놀이공원에 갔었던 때를 떠올려보자.

- 친구들의 모습을 둘러보세요. 친구들이 어떤 표정을 하고 있나요?
  - 웃고 있다, 즐거워하고 있다.
- 친구들의 웃는 모습, 즐거워하는 모습을 보니 어떤 마음이 드나요?
  - 내 마음도 기쁘고 행복하다.

○ 내가 행복감을 느낄 수 있도록 해준 분들에 대해 생각해 보고 감사한 마음을 갖는다.

- 우리가 행복한 웃음을 웃게 도와 준 사람은 누구일까요?
  - 엄마, 아빠, 언니, 오빠 등

• 우리를 웃게 해준 사람들에게 어떤 마음이 드나요?

– 감사한 마음

• 우리를 웃게 해준 사람들에게 어떤 일이 감사한가요? (Tip 2 참고)

– 나의 마음을 기쁘고 행복하게 해 주어서 감사하다.

Tip 2
다른 사람의 사랑, 배려, 도움으로 인해 나의 마음이 행복해졌음을 깨닫도록 한다.

유의점

• 유아들이 사진 속 상황을 다양하게 추론할 수 있도록 격려한다.

• 유아들의 이야기에 따라 적절한 후속 질문을 하여 유아들이 행복한 상황이나 경험에 대해 구체적으로 이야기할 수 있도록 한다.

사람이 얼마나 행복한가는 감사의 깊이에 달려있다.
– 존 밀러

아빠, 엄마는 언제 행복하실까요?

집단형태 대집단 활동

활동유형 이야기나누기

활동목표

- 아빠(엄마)의 행복에 관심을 갖는다.
- 웃으면 마음이 행복해짐을 깨닫는다.
- 아빠(엄마)가 웃는 이유와 아빠(엄마)의 행복에 대해 추론한다.
- 아빠(엄마)와의 행복했던 경험을 공유해 보고 아빠(엄마)께 감사한 마음을 갖는다.
- 나도 다른 사람을 행복하게 해줄 수 있음을 안다.
- 아빠(엄마)를 행복하게 해 드리기 위해 할 수 있는 일을 생각하고 실천한다.

성격 강점과 덕목

- 인간애 – 사랑
  – 친절
  – 사회적 지능
- 정의 – 리더십
- 초월성 – 감사
  – 희망
  – 유머

활동자료

아빠, 엄마의 웃는 모습 사진 자료, 말풍선, 칠판펜

엄마·아빠 웃는 모습 사진 자료

활동방법

○ 사진을 함께 살펴본다.

- 사진에 누가 있나요? 어떤 모습인가요?
- 사진 속의 아빠(엄마)가 어떤 표정을 짓고 있나요?

○ 사진 속의 아빠(엄마)께서 웃는 이유를 추론해 본다.

- 사진 속의 아빠(엄마)는 왜 웃고 있을까요?
- 사진 속의 아빠(엄마)는 웃으면서 무슨 이야기를 하고 있을까요?

  – 유아들이 추론한 내용을 말풍선에 적어 붙인다.

말풍선에 이야기 적기

○ 각자 자신의 아빠(엄마)가 웃으셨을 때를 떠올려본다.

- 아빠(엄마)는 우리에게 웃으면서 무슨 이야기를 하시나요?
- 아빠(엄마)와 함께 웃으면서 무슨 이야기를 해 보았나요?

○ 아빠(엄마)를 행복하게 해드리기 위한 방법에 대해 생각해 본다.

- 아빠(엄마)가 행복하게 웃으시는 것을 보면 나는 기분이(마음이) 어떤가요?
- 아빠(엄마)를 행복하게 웃으시도록 내가 할 수 있는 일은 어떤 것이 있을까요?

• 우리가 아빠(엄마)를 행복하게 해드린다면 아빠(엄마)는 우리에게 어떤 말씀을 해 주실까요?

유의점

• 사진의 인물에 대해 유아들이 자신의 아빠, 엄마와 연관 지어 이야기해 볼 수 있도록 집에서의 경험을 이야기하게 하거나 말풍선에 적어보도록 도와준다.
• 할아버지, 할머니 등 다른 가족구성원이 웃고 있는 사진을 사용하여 가족의 행복에 대해 이야기 나눌 수 있다. 활동에서 사용한 자료를 교실 벽면에 전시하여 유아들이 가족의 행복에 대해 생각해 볼 수 있도록 격려한다.

할아버지, 할머니 웃는 사진 벽면 전시

• 가정에서 유아들이 직접 '나의 아빠(엄마)가 언제 행복한지, 누구(무엇) 덕분에 행복한지, 행복할 때 어떻게 하시는지' 등에 대해 인터뷰하는 후속활동을 진행한다. 인터뷰 내용에 대해 친구들과 공유하는 시간을 갖는다.

친구를 행복하게 해 주고 싶어요!

집단형태 대집단 활동

활동유형 이야기나누기·노래

활동목표

- 친구가 웃는 이유와 친구의 행복에 대해 추론한다.
- 웃으면 마음이 행복해짐을 깨닫는다.
- 친구에게 고마운 마음을 갖고 친구를 행복하기 해 주기 위해 할 수 있는 일을 생각하고 실천한다.
- 나와 다른 사람의 행복에 관심을 갖는다.
- 나도 다른 사람을 행복하게 해줄 수 있음을 안다.

성격 강점과 덕목

- 인간애 – 사랑
  – 사회적 지능
  – 친절
- 정의감 – 리더십
- 절제 – 겸손/겸양
- 초월성 – 감사
  – 희망
  – 유머

활동자료

친구의 웃는 모습 사진 자료. 말풍선, 칠판펜

친구의 웃는 모습 사진 자료

활동방법

○ 사진을 함께 살펴본다.

• 사진 속의 친구들은 어떤 표정을 짓고 있나요?

○ 사진 속의 친구들이 웃는 이유를 추론해 본다.

• 사진 속의 친구들은 왜 웃고 있을까요?

• 사진 속의 친구들은 웃으면서 무슨 이야기를 하고 있을까요?

○ 각자 자신의 친구가 웃었을 때를 떠올려본다.

• 친구는 웃으면서 무슨 말을 하나요?

• 우리는 친구와 함께 웃으면서 무슨 이야기를 했나요?

○ 친구를 행복하게 해 주기 위한 방법에 대해 생각해 본다.

• 친구가 행복하게 웃는 것을 보면 나는 기분이(마음이) 어떤가요?

• 친구를 행복하게 웃게 하기 위해서 나는 어떤 일을 할 수 있을까요?

• 우리가 친구를 행복하게 해 준다면 친구는 우리에게 뭐라고 말할까요?

친구들을 행복하게 하는 방법 모색하기

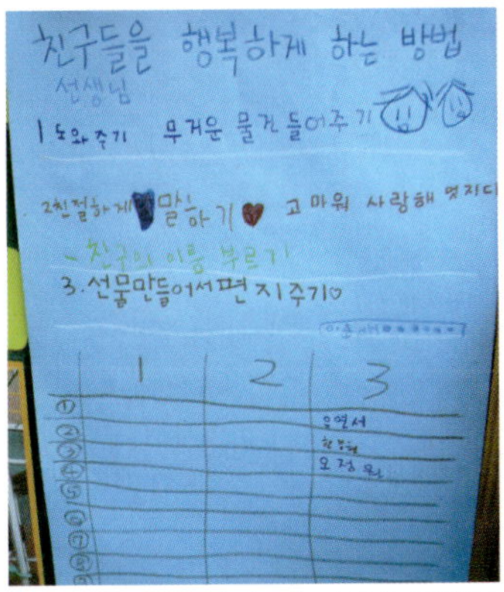

친구들을 행복하게 하는 방법 실천표

○ 노래 '나는 행복해요'를 불러준 후 노래를 아는지, 들어보았는지 물어본다.

- "나는 행복해요, 나는 행복해요, 나는 행복해요, 항상 행복해요."

○ 왜 '나는 항상, 언제나, 늘, 매일 행복하다'고 하는지 추론해 보게 한다.

○ 노랫말 중 '행복해요'와 '항상'을 다양하게 바꾸어 불러본다.

- "나는 기뻐요, 나는 기뻐요, 나는 기뻐요, 언제나 기뻐요."
  "나는 즐거워요, 나는 즐거워요, 나는 즐거워요, 매일 즐거워요."
  "나는 신나요, 나는 신나요, 나는 신나요, 하루 종일 신나요."

○ 나를 '행복하게' 해 주는 사람들이 누구인지 물어본다.

- 나를 행복하게 해 주는 사람은 누구였나요?
  -가족, 친척, 친구들, 선생님

○ 유아들을 '행복하게' 해 주는 가족과 친구, 선생님께 감사하는 마음으로 '항상' 노랫말을 유아들을 행복하게 해 주는 대상으로 바꾸어 노래를 부른다.

- "나는 감사해요, 나는 감사해요, 나는 감사해요, 부모님께/친구에게 감사해요."

○ 우리 모두 서로를 행복하게 해 주고 감사의 마음을 나누기로 다짐한다.

유의점

- 나, 가족, 친구 그리고 선생님께서 행복할 때의 표정, 말, 행동 등을 관찰하고 이에 대해 묘사해 보게 한다.

> 진정한 행복은 잘 드러나지 않으며, 화려함과 소란스러움을 적대시한다. 진정한 행복은 처음에는 자신의 삶을 즐기는데서, 다음에는 몇몇 선택된 친구와의 우정과 대화에서 온다.
>
> -조지프 애디슨

자연 속에서 우리는 더 행복해져요.

집단형태 중집단 활동 (약 10명)

활동유형 야외학습

활동목표

- 자연풍경의 아름다움을 느낀다.
- 자연풍경의 아름다움을 느끼며 행복할 수 있음을 안다.
- 자연풍경을 만끽하며 행복함과 평안함을 느낀다.
- 자연 속에서 편안히 휴식한다.
- 행복을 느끼게 해 주는 자연에 감사한 마음을 갖는다.

성격 강점과 덕목

- 인간애 – 사랑
- 정의 – 리더십
- 절제 – 겸손/겸양
- 초월성 – 감사
  – 심미안

활동자료

야외학습 준비물(수집물을 담을 봉투, 비상약품, 비상연락망, 휴대폰, 물, 종이컵 등), 디지털카메라

활동방법

○ 어린이집/유치원 근처 자연풍경을 감상할 수 있는 곳으로 산책 갈 것임을 소개한다.

- 오늘은 ○○으로 산책을 다녀올 거예요.

○ 자연풍경(나무, 돌과 바위, 눈 등)을 감상하는 방법에 대해 이야기 나눈다.

- ○○에서 나무(돌과 바위, 눈 등)를 보고 올 거예요.

• 나무(돌과 바위, 눈 등)를 보면서 무엇을 할 수 있을까요?
  – 나무를 안아본다.
  – 나무에 기대본다.
  – 나무를 만져본다.
  – 나무의 둘레를 손(줄)으로 재어본다.

○ 산책 장소에 도착해서 자연풍경(나무, 돌과 바위, 눈 등)을 감상하고 탐색한다. 유아들이 나무(돌과 바위, 눈 등)를 중심으로 자연의 아름다움을 느끼고 발견할 수 있도록 교사가 도움을 준다.

• ◇◇를 안아보세요. 느낌이 어떤가요? 어떤 기분이 드나요?
• ◇◇에 기대어 눈을 감아보세요. 두 팔을 벌려보세요. 숨을 크게 들이쉬었다 내쉬어보세요. 어떤 기분이 드나요?
• ◇◇를 만져보세요. 느낌이 어떤가요?
• ◇◇에게 하고 싶은 이야기가 있나요?
• ◇◇를 사진기로 찍어봅시다. 어느 부분을 찍을까요?

나무 탐색하기

○ 산책 장소에서 자연물을 활용하여 자유롭게 놀이한 후 유아들과 의논하여 놀이나 교육활동에 사용할 수 있는 자연물을 수집한다.

○ 아름다운 자연에서 느끼는 행복에 대해 이야기한다.

• 이렇게 산책을 나와 ◇◇를 보고 느끼니 기분이 어떤가요?
  – 기분이 좋아진다, 기분이 상쾌하다, 마음이 편안하다, 행복하다.
• 우리에게 아름다운 모습을 보여주는 ◇◇에게 어떤 마음이 드나요?
  – 감사한 마음이 든다.
  – 또 보고 싶다, 같이 있고 싶다.

- ◇◇에게 어떤 말을 해줄 수 있을까요?
  - “춥지 않니? 안아줄게.”, “참 멋지다.”, “아름다운 모습 보여줘서 고마워.”
  - “너를 보면 기분이 좋아져(행복해). 고마워.”
  - “또 놀러올게. 함께 놀자.”
- ◇◇에게 무엇을 해줄 수 있을까요?
  - 벌레를 잡아준다.
  - 춥지 않도록 옷을 입혀준다.
  - 자주 와서 친구가 되어준다.

○ 어린이집/유치원에 돌아와 유아들이 찍은 사진을 감상한다.

돌 탐색하기

산책에서 찍은 사진 감상하기

유의점

- 유아들이 일상적인 자연풍경에서 아름다움을 느끼고, 이 과정에서 행복을 발견할 수 있도록 도와준다.

> 행복은 다른 사람의 행복을 바라볼 수 있는 데서 생기는 즐거운 느낌이다.
> -A. G. 비어스

친구끼리 서로 도와요

집단형태 대집단 활동

활동유형 이야기나누기

활동목표

- 나는 친구의 도움이 필요할 때가 있음을 안다.
- 나는 친구를 도와줄 수 있음을 안다.
- 나에게 친구를 도와주고 싶은 착한 마음이 있음을 안다.
- 나는 친구를 도와줄 때 마음이 행복해짐을 깨닫는다.
- 나를 도와준 친구에게 감사한 마음을 갖는다.
- 일상생활에서 도움을 청하거나 베풀면서 행복하게 지내는 공존 기술을 체득한다.
- 도움을 주고받으며 느끼는 감사하고 행복한 마음을 친구들과 공유한다.

성격 강점과 덕목

- 용기 – 용기
- 인간애 – 친절
  – 사회적 지능; 사랑
- 초월성 – 감사
- 정의 – 협동심

인성교육 관련

- 배려 – 친구에 대한 배려
- 나눔 – 나눔을 실천하기
  – 나눔에 참여하기

활동자료

도움 카드, 네임펜, 도움 카드를 부착할 도움 게시판

이름	필요한 도움	도와줄 사람	도와 줬어요
김철수	정리 시간에 블록 바구니를 같이 옮길 사람이 필요해요.	김영수	O

이름	필요한 도움	도와줄 사람	도와 줬어요
선생님	다른 교실로 이동할 때 교실의 불을 꺼줄 사람이 필요해요.		

도움 카드 예

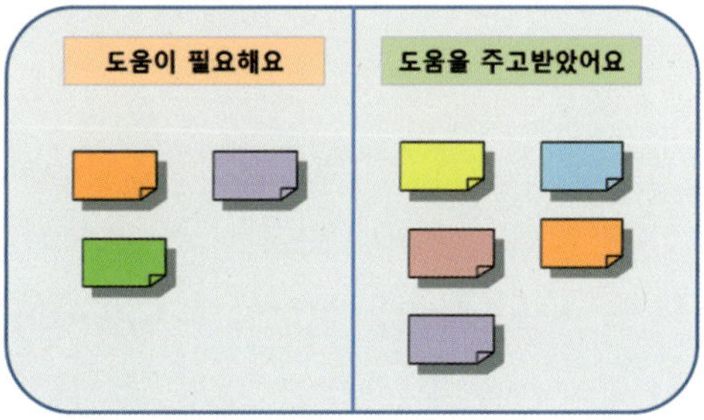

도움 게시판 예

활동방법

○ '도움'이라는 말의 뜻에 대해 이야기를 나눈다.

- '도움'이라는 말은 무슨 뜻일까요? (Tip 1 참고)
  - 어려운 일이나 힘든 일이 있는 사람이 그 일을 잘 이겨낼 수 있도록 힘을 보태주는 것이다.
- '도움'이라는 말을 들어본 적이 있나요? 언제 들어보았나요?
  - 동생이 블록으로 로봇 만들기가 어렵다며 도와달라고 할 때
  - 태풍 때문에 집이 물에 잠긴 사람들을 구해줄 때

○ '도움'을 주고받았던 경험에 대해 이야기 나눈다.

- 친구나 선생님께 도움을 받은 적이 있나요? 언제 받았나요? (Tip 2 참고)
- 친구나 선생님을 도와준 적이 있나요? 언제, 무엇을 도와주었나요?
- 친구 또는 선생님께 도움을 받았을 때, 친구 또는 선생님께 도움을 주었을 때 어떤 마음이 들었나요?
  - 감사한 마음, 고마운 마음, 행복한 마음, 기쁜 마음 등
- 감사하고 고마운 마음을 어떤 말로 인사했나요?

Tip 1
- '도움'의 사전적 정의
  : 남을 돕는 일
- '돕다'의 사전적 정의
  : 남이 하는 일이 잘 되도록 거들거나 힘을 보태다
  : 위험한 처지나 어려운 상황에서 벗어나게 하다

Tip 2
교사도 학급의 일원으로서 유아들로부터 도움을 받았던 경험과 유아들로부터 도움을 받았을 때 어떤 마음이 들었는지 이야기한다.

–감사합니다, 고맙습니다, 고마워.

○ '도움'을 요청하고 '도움'을 받는 방법에 대해 알아본다.

• '도움'이 필요할 때 친구나 선생님께 이를 알리려면 어떻게 해야 할까요?

–'◇◇야 도와줘!', '선생님, 도와주세요!'라고 말한다.

–'어떤 도움'이 필요한지 종이에 써서 게시판에 붙여 알리고 도움을 줄 수 있는 친구가 있는지 알아본다.

○ '도움 카드'와 '도움 게시판'을 소개하며 활동방법을 소개한다.

• 도움이 필요한 친구를 모르면 도와주고 싶어도 도와줄 수 없지요. 도움이 필요한 친구를 도울 수 있도록 '도움 카드'와 '도움 게시판'을 준비했어요.

• '도움 카드', '도움 게시판' 사용방법을 소개한다.

–도움이 필요할 때 도움 카드에 이름을 쓰고 필요한 도움을 적는다.

–작성한 도움 카드를 게시판의 '도움이 필요해요' 칸에 붙인다.

–도움을 줄 사람은 도움 카드의 '도와 줄 사람' 칸에 이름을 쓰고 도와준다.

–도움을 준 후 도움 카드의 '도와줬어요' 칸에 동그라미를 친다.

–완성한 도움 카드를 게시판의 '도움을 주고받았어요' 칸으로 옮겨 붙인다.

• 교사가 직접 도움 카드를 작성해서 도움 게시판에 붙이며 시범을 보인다.

도움 카드 작성방법 시범 보이기

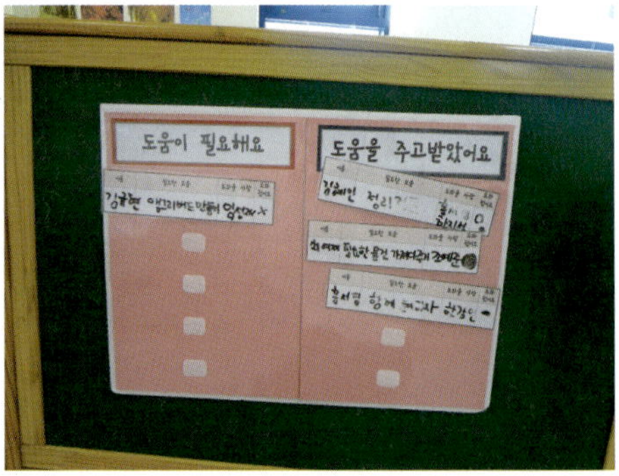

작성한 도움 카드 예

○ '도움 카드'와 '도움 게시판'을 통해 서로 도움을 주고받는다.

○ 귀가 지도 시간에 '도움 게시판' 앞에 모여 앉아 운영 실태를 살펴본다.

- ○○는 누구에게 무슨 도움을 받았나요? ◇◇는 누구에게 무슨 도움을 주었나요?
- 친구(선생님)로부터 도움을 받았는데(주었는데), 어떤 마음이 들었나요?
  – 감사한 마음, 행복한 마음, 따뜻한 마음, 기쁜 마음 등이 들었다.
- 도움을 받은 사람과 도움을 준 사람들끼리 어떻게 서로의 마음을 전할까요?
  – 도움을 받은 사람은 도움을 준 사람에게 감사인사를 한다.
  – 도움을 준 사람은 도움을 통해 얻은 행복한 마음을 도움을 받은 사람에게 전달한다(예 : 너를 도와주게 되어서 내 마음도 기뻤어 등).

○ 도움 게시판의 '도움이 필요해요' 칸을 살펴보며, 아직 도움을 받지 못한 사람이 있는지 살펴보고, 다음 날 도와주기로 한다.

유의점

- 교사는 도움 게시판을 수시로 살펴보며 도와줄 사람을 찾지 못하거나 돕기로 한 사람이 도와주지 않은 경우를 점검한다. 완료되지 않은 도움 카드를 공지해줌으로써 유아들이 도움을 주고받을 수 있도록 지원한다.
- '도움 주고받기' 활동은 유아들뿐만 아니라 교사도 참여하는 활동이다. 교사도 학급 운영에 필요한 일을 게시판에 올려 유아들이 교사를 돕는 동시에 학급을 협력해서 운영하는 기회로 활용한다.

후속활동

- 언어 '도움에 대한 감사편지 주고받기'
  도움을 받은 사람은 도움을 준 사람에게 감사편지를 보내고 감사편지를 받은 사람도 자신의 마음이나 느낌을 적어 답장을 보낸다. 감사편지를 전시해 도움을 통해 달라진 모습을 공유한다.
- 이야기나누기 '도움 릴레이표'
  도움이 다른 도움에 영향을 미쳐 도움이 확산되는 과정을 볼 수 있도록 '도움 릴레이' 표를 만들어 전시한다.

가족끼리 서로 도와요

집단형태 대집단 활동

활동유형 이야기나누기

활동목표

- 나는 가족의 도움이 필요할 때가 있음을 안다.
- 나는 가족을 도와줄 수 있음을 안다.
- 나에게 가족을 도와주고 싶은 착한 마음이 있음을 안다.
- 나는 가족을 도와줄 때 마음이 행복해짐을 깨닫는다.
- 나를 도와준 가족에게 감사한 마음을 갖는다.
- 일상생활에서 도움을 청하거나 도움을 베풀면서 행복하게 지내는 공존 기술을 체득한다.
- 도움을 주고받으며 느끼는 감사하고 행복한 마음을 가족들과 공유한다.

성격 강점과 덕목

- 용기 – 용기
- 인간애 – 친절
  – 사회적 지능; 사랑
- 초월성 – 감사
- 정의 – 협동심

인성교육 관련

- 배려 – 가족에 대한 배려
- 나눔 – 나눔을 실천하기
  – 나눔에 참여하기

활동자료

도움 게시판, 도움 카드, 게시판, 칠판펜, 그림 그리기 도구

활동방법

○ 도움 카드와 도움 게시판을 살펴보며 학급에서 도움을 주고받았던 경험을 회상한다. (Tip 1 참고)

- 친구들을 도와준 적 있나요? 친구들에게 어떤 도움을 주었나요/받았나요?
- 도움 카드를 써본 적도 있나요?

○ 가족에게 도움을 받았던 경험을 이야기 나눈다. (Tip 2 참고)

- 가족들에게도 도움을 받아본 적 있나요? 언제 누구에게 도움을 받았나요?
  - 유아들의 다양한 경험담을 들어본다.
- 도움을 받았을 때 어떤 마음이 들었나요?
  - 감사한 마음, 고마운 마음, 행복한 마음, 기쁜 마음 등
- 감사하고 고마운 마음을 어떤 말로 인사했나요?
  - 감사합니다, 고맙습니다, 고마워.

○ 가족에게 도움을 주었던 경험을 이야기 나눈다.

- 가족들에게 도움을 주었던 적도 있었나요? 누구에게 어떤 도움을 주었나요?
- 도움을 받은 ○○가 뭐라고 말씀하셨나요?
- 가족을 돕고 난 후 기분이 어땠나요?
  - 기분이 좋았다, 뿌듯했다, 행복했다.
  - 다음에도 또 돕고 싶은 마음이 생겼다.
- ○○반 어린이들이 가족들에게 또 어떤 도움을 줄 수 있는지 생각해 봅시다.
  - 유아들과 이야기 나눈 내용을 게시판에 적는다. 만 5세의 경우 가족구성원에 따른 도움의 내용을 분류하여 적어본다.

○ 가족에게 도움을 줄 수 있는 방법에 대해 이야기 나눈다.

- 내가 도와줄 수 있다는 것을 가족들에게 알리려면 어떻게 해야 할까요?

Tip 1
이야기나누기 '친구끼리 서로 도와요'를 사전활동으로 실시하여 유아들이 도움의 의미를 알고 학급구성원들 간 도움을 주고받는 경험을 해 보도록 한다.

Tip 2
유아들이 가족에게 도움을 주고받았던 경험을 자유롭게 이야기할 수 있도록 격려하고 필요할 경우 교사가 시범을 보인다.

–'도움이 필요하면 말씀하세요.', '제가 도와드릴게요.', '도와드릴까요?'라고 말한다.

–기관에서 했던 것처럼 도움 카드를 써서 벽에 붙인다. (Tip 3 참고)

○ 가족에게 도움을 요청하고 도움을 받는 방법에 대해 알아본다.

• 내가 도움이 필요할 때 가족들에게 이를 알리려면 어떻게 해야 할까요?

–'엄마(아빠)! 도와주세요.', '동생아, 도와줄래?', '형/언니/오빠/누나, 도와줘.'라고 말한다.

Tip 3
기관에서 도움 카드 및 도움 게시판을 통해 도움을 주고받았던 방법을 식구들과도 활용할 수 있다. 유아들이 도움 카드를 집에 가져가거나 도움 카드 및 도움 게시판 사진을 찍어가 부모님과 함께 보며 집에서 도움을 주고받을 때 참고하게 한다.

○ 귀가 후 집에서 가족들과 도움을 주고받는다.

○ 다음 날부터 귀가 지도(계획하기, 놀이평가) 시간에 모여 앉아 가족에게 도움을 주고받았던 경험을 이야기 나눈다.

• 가족에게 어떤 도움을 주었나요/받았나요?

• 도움을 받고/주고 난 후 마음이 어땠나요?

• 감사한 마음, 행복한 마음을 어떤 말로 인사했나요?

○ 유아들이 가족을 도운 경험을 그림으로 그려 벽면에 전시한다.

유의점

• 유아들이 유치원/어린이집에서 이야기 나눈 내용을 바탕으로 가정에서 도움 주고받기를 실천할 수 있도록 도움 경험에 대해 지속적으로 이야기 나눈다.

• 유아들이 가족에게 도움을 주는 방법이나 내용뿐만 아니라 도움을 주고난 후 느끼는 행복한 감정에 대해서도 표현하고 공감할 수 있도록 한다.

행복한 왕자님, 고마워요! 사랑해요!

집단형태 대집단 활동

활동유형 동화·이야기나누기

활동목표

- 우리 주변에 도움이 필요한 사람들이 있음을 안다.
- 도움이 필요한 사람에게 도움을 베풀 때 마음이 행복해짐을 깨닫는다.
- 도움을 주고받으며 감사와 행복을 공유한다.

성격 강점과 덕목

- 용기 – 용기
- 초월성 – 감사
- 인간애 – 친절
  – 사회적 지능
  – 사랑

인성교육 관련

- 배려 – 이웃에 대한 배려
- 나눔 – 나눔을 실천하기
  – 나눔에 참여하기

활동자료

그림책『행복한 왕자』, 동화 자료

활동방법

○ 동화의 제목만으로『행복한 왕자』의 내용을 예상해 본다.

- 『행복한 왕자』라는 그림책을 보려고 합니다. 왜 그림책의 제목이『행복한 왕자』일까요? 어떤 이야기가 담겨있을까요?
- (유아들의 반응을 듣고 난 뒤 그림책 표지를 보여주며) 그림책 앞장에 어떤

그림이 그려져 있나요?

• 왜 제목이 『행복한 왕자』일까요? 어떤 이야기가 담겨있을까요?

○ 그림책 『행복한 왕자』를 감상한다.

○ 그림책 『행복한 왕자』를 다시 살펴보며 그림책의 내용을 회상한다.

• 왜 왕자는 눈물을 흘렸나요?

－가난하고 고통 받는 사람들의 모습을 보고 마음이 아파서 눈물을 흘렸다.

• 왕자는 가난하고 고통 받는 사람들을 위해 어떻게 했나요?

－자신의 몸에 있던 보석과 금을 떼어서 가난한 사람들에게 나누어주었다.

• 왕자의 보석과 금을 받은 사람들의 마음은 어땠을까요?

－기쁜 마음, 고마운 마음, 감사한 마음 등

• 기뻐하는 사람들의 모습을 본 왕자의 마음은 어땠을까요? 또 왕자를 도와 가난한 사람들에게 보석과 금을 전해 준 제비의 마음은 어땠을까요?

－기쁜 마음, 행복한 마음이 들었을 것이다.

• 사람들은 보기 흉해진 왕자의 동상을 불에 녹였어요. 하지만 왕자의 쪼개진 심장만은 불에 녹지 않았습니다. 왜 왕자의 심장은 불에 녹지 않았을까요?

－다른 사람을 생각하는 착한 마음이었기 때문이다.

• 천사는 이 세상에서 가장 귀중한 것 두 가지를 무엇이라고 생각했나요?

－왕자의 심장, 제비

• 왜 천사는 왕자의 심장과 제비가 가장 소중하다고 생각했을까요?

－다른 사람을 돕는 착한 마음이 세상에서 가장 소중하다고 생각했기 때문이다.

○ 그림책 『행복한 왕자』의 의미를 생각해 본다.

• (그림책 표지를 다시 살펴보며) 왜 그림책의 제목이 『행복한 왕자』일까요?

－가난하고 불쌍한 사람들을 도와주면서 왕자와 제비가 행복해졌기 때문이다.

－도움을 받은 사람들의 행복한 모습을 보면서 왕자와 제비도 행복해졌기 때문이다.

○ 우리 주변에 도움이 필요한 친구, 가족, 이웃이 있는지 살펴보고 도움을 주기로 한다.

- 우리도 행복한 왕자처럼 도움이 필요한 친구, 가족, 이웃이 주위에 있는지 살펴보기로 해요. 도움이 필요한 사람들에게 도움을 주면서 행복한 마음을 서로 나누기로 합시다.

동화 속 주인공에게 편지 쓰기

동화 속 주인공에게 쓴 편지 예

유의점

- 그림책 내용 회상시 줄거리보다는 동화 속 인물들의 입장에서 생각해 보고 행복한 마음을 느낄 수 있도록 발문한다.

> 행복은 깊이 느끼고, 단순하게 즐기고, 자유롭게 사고하고, 삶에 도전하고, 남에게 필요한 사람이 되는 능력에서 나온다.
>
> -스톰 제임슨

웃는 얼굴이 되니 행복해졌어요

집단형태 대집단 활동

활동유형 이야기나누기

활동목표

- 기분에 따라 사람들의 표정이 변화됨을 안다.
- 좋은 기분을 만들기 위해 스스로 할 수 있는 행동에 대해 안다.
- 웃는 표정을 짓거나 웃으면 마음이 행복해짐을 깨닫는다.

성격 강점과 덕목

- 인간애 – 사회적 지능
- 절제 – 자기조절
- 초월성 – 유머; 희망

활동자료 5단계 표정 그림(울기 → 화내기 → 무표정 → 웃기→ 활짝 웃기)

활동방법

○ 5단계 표정 그림(울기 → 화내기 → 무표정 → 웃기 → 활짝 웃기)을 순서대로 살펴본다. (Tip 참고)

- (표정 그림을 순서대로 한 장씩 순서대로 붙이며) 그림 속에 있는 사람이 어떤 표정을 짓고 있나요?

> **Tip**
> 표정 그림을 한 장씩 제시하여 언제 그런 표정을 짓는지, 어떤 기분인지에 대해 이야기 나눈다.

○ 각 그림에 제시된 표정을 언제 짓는지, 표정을 지을 때 어떤 기분인지에 대해 이야기 나눈다.

- 왜 이런 표정(울고, 화내고, 표정 없이, 웃고, 활짝 웃고)을 짓고 있을까요?
  ○○반 어린이들도 이런 표정을 지어본 적이 있나요? 왜 그랬나요?
  – 우는 표정 : 속이 상해서, 넘어져서
  – 화난 표정 : 내가 놀던 장난감을 가져가서, 누가 나를 괴롭혀서
  – 무표정 : 피곤해서, 힘이 들어서
  – 웃는 표정 : 칭찬을 받아서, 선물을 받아서, 친구가 나를 도와주어서

–활짝 웃는 표정 : 너무 좋아서, 사랑해서, 재미있어서, 신나서

• 우는(화난, 아무 표정 없는, 웃는, 활짝 웃는) 표정을 지었을 때 기분이 어땠나요?

○ 각자 기분이 좋지 않았다가 기분이 나아졌던 상황을 떠올려본다.

사진 속 표정에 대해 이야기나누기

• 처음에는 기분이 좋지 않았지만 점점 기분이 나아졌던 적이 있나요? 언제 그런 일이 있었나요?

–친구가 내가 만든 성을 무너뜨려서 화가 났지만 친구가 미안하다고 사과하고 다시 함께 성을 만들어주어서 기분이 좋아졌다.

–속상한 일이 있어서 울었는데 재미있는 이야기를 들어서 웃음이 났다.

○ 기분이 좋지 않을 때 기분을 좋게 하기 위한 방법에 대해 생각해 본다.

• (우는 표정, 화난 표정, 무표정 그림을 가리키며) 이런 표정을 지을 때 기분이(마음이) 어떤가요?

–기분이 좋지 않다, 마음이 아프거나 슬프다.

• (웃는 표정, 활짝 웃는 표정 그림을 가리키며) 기분이 좋지 않을 때 기분이 좋아지도록 내가 할 수 있는 일에는 어떤 것이 있을까요?

–걷는다, 뛰어논다, 책을 읽는다, 노래 부른다, 먹는다, 웃는다.

–가족, 친구와 이야기한다.

○ 건강한 몸과 행복한 마음을 위해 기쁠 때, 슬플 때, 화날 때도 웃기로 약속한다.

• 웃는 표정을 짓거나 "하하하" 크게 소리 내어 웃으면 뇌에서 "ㅇㅇ가 즐거운 일, 기쁜 일, 행복한 일이 있구나."라고 생각하게 되어 기분이 좋아져요. 우리 앞으로 더욱 기분이 좋아질 수 있도록, 행복해질 수 있도록 많이 웃기로 해요!! 모두 함께 크게 소리 내어 웃어봅시다.

유의점

• 유아들이 기분이 나아진 이유나 웃게 된 이유에 대해 자신의 경험이나 상상 및 추론을 구체적으로 이야기해 볼 수 있도록 격려한다.

웃어보세요! 마음이 행복해져요

집단형태 대집단 활동

활동유형 이야기나누기

활동목표

- 기쁘거나 좋을 때 웃으면 마음이 더욱 행복해짐을 깨닫는다.
- 웃음은 몸을 건강하게 해줌을 알고 웃는다.
- 웃음은 마음을 행복하게 해줌을 알고 웃는다.
- 나의 웃음은 나, 가족, 친구, 주변 사람들을 행복하게 함을 안다.

성격 강점과 덕목

- 인간애 – 친절
  – 사회적 지능
- 초월성 – 유머
  – 희망

활동자료

웃음 표정 사진

활동방법

○ '웃음' 관련 이야기나누기에 대해 함께 회상한다.

- 지난 시간 웃고 있는 어린이, 어른의 마음에 대해서 이야기했었지요? 이렇게 웃고 있는 사람들의 마음이 어떻다고 했었나요?
  – 기쁜 마음, 행복한 마음, 신나는 마음, 즐거운 마음, 좋은 마음, 감사한 마음

○ 나와 주변 사람들의 다양한 웃는 표정, 웃는 소리, 웃을 때의 습관과 동작 등에 대해 떠올려보고 이야기 나눈다.

- 나와 가족, 친구들이 웃는 모습을 한번 떠올려볼까요? 웃는 표정과 웃음소리를 생각해 봅시다.

• 나와 가족, 친구들의 웃는 모습이나 소리는 어떤가요?
  – 나는 웃을 때 눈이 작아지고 입이 벌어진다.
  – 엄마는 웃을 때 눈이 반달 모양이 된다.
  – 내 동생은 손뼉을 치면서 웃는다.
  – 너무 재미있는 일이 있을 때 배를 잡고 웃는다.

○ 각자 소리 내어 웃어보자고 제안한다. 시간을 정해 웃어보고 시간을 점차 늘려간다(예 : 1초, 3초, 5초).

• 지금 웃어보니까 어떤가요?
  – 기분이 좋아진다.
  – 더 웃게 된다.
  – 좋은 일이 생길 것 같다.
  – 힘도 세지는 것 같다.

○ 우리가 웃으면 어떤 점이 좋아지는지 알려준다.

• 우리가 웃을 때 몸의 어떤 점이 좋아질까요?
  – 웃을 때 얼굴과 몸의 근육도 운동을 해서 얼굴도 예뻐지고 몸도 건강해진다.
  – 기쁜 마음이 생기고 사랑과 감사의 마음이 생겨서 마음이 더욱 행복해진다.
  – 행복호르몬인 엔도르핀과 다이돌핀의 분비가 잘 되어 스트레스 호르몬인 코티졸을 퇴치할 수 있어서 걱정이나 염려뿐 아니라 스트레스도 줄어든다. (Tip 참고)
  – 웃음의 좋은 에너지가 상대방에게도 전달되고 사람들과의 관계도 좋아진다.
  – 웃으면 복이 온다고 한다.

Tip
다이돌핀은 뇌에서 추출되는 20여 가지 좋은 성분 중 하나로 엔도르핀의 4천배 효과가 있다. 아주 큰 감동을 받았거나 새로운 진리를 깨달았을 때 생성된다.

○ 함께 바라보고 웃어보자고 제안한 후 제자리에 앉아 옆 사람과 마주 보고 웃어본다. 짧은 시간(5초 정도) 동안 웃어보고 시간을 점차 늘려서 2~3회 웃어본다.

• 서로의 웃는 모습을 바라보니까 마음이 어떤가요?
  – 혼자 웃을 때보다 더 많이 웃게 된다.

- 친구와 마음이 통하는 것 같아서 기쁘다.
- 친구와 더 친해진 것 같다, 친구 사이가 더 좋아졌다.
- 친구 얼굴이 더 멋져 보인다.
- 모두에게 행복한 일이 생길 것 같다.

• 우리가 다른 사람과 지낼 때 많이 웃게 되면 어떤 일이 생길까요?
- 함께 더 행복해진다.
- 마음이 밝아지고 기뻐진다.
- 사람들이 무슨 좋은 일이냐고 물어보고 내가 대답해 주기도 한다.
- 다른 사람들이 내가 웃고 있는 모습을 보고 '행복하구나.', '기쁜 일이 있나보다.'라고 생각할 수 있다.

○ 웃음의 효과에 대해 좀 더 이야기 나누고 생활 속에서 실천하기로 약속한다.

• 앞으로 우리의 몸과 마음이 더 건강해지고 나와 주변 사람들이 함께 행복해지도록 나부터 많이 웃고 서로 함께 웃도록 노력합시다.

> 행복하기 때문에 웃는 것이 아니라 웃기 때문에 행복한 것이다.
>
> -윌리암 제임스

웃음은 우리를 행복하게 해줘요

집단형태 대집단 활동

활동유형 이야기나누기

활동목표

- 기쁘거나 좋을 때 웃으면 마음이 더욱 행복해짐을 깨닫는다.
- 나의 웃음은 나, 가족, 친구, 주변 사람들을 행복하게 함을 안다.
- 가족이나 친구, 주변 사람들을 웃게 하기 위해 내가 할 수 있는 방법에 대해 알아보고 실천한다.
- 상대방의 마음을 알아주고 웃게 도와주는 일이 자신의 마음을 행복하게 하는 일임을 안다.

성격 강점과 덕목

- 인간애 – 친절
  – 사회적 지능
- 초월성 – 유머
  – 희망
- 용기 – 용기
- 정의 – 리더십
- 지혜와 지식 – 창의성

활동자료

웃지 않는 표정의 유아 사진

활동방법

○ 유아들과 함께 사진 속 아이가 웃고 있지 않은 이유를 추론해 본다.

- 이 아이의 이름은 ○○에요. ○○는 오늘 하루 종일 한 번도 웃지 않았다고 해요. ○○는 왜 웃지 않았을까요?

–기분이 좋지 않아서이다.

–화가 났기 때문이다.

–슬픈 마음이 들었기 때문이다.

–속상하기 때문이다.

○ ‘웃음’의 긍정적인 효과에 대해 이야기 나누었던 내용을 회상한다.

• 웃을 때마다 우리의 몸이 건강해진다고 해요. 우리가 웃으면 왜 몸이 건강해질까요?

–기분이 좋아지면 밥맛이 좋아져서 밥도 잘 먹게 된다. 밥을 잘 먹으면 건강해진다.

–몸에서 엔도르핀, 다이돌핀이라는 행복호르몬이 나와 기분이 좋아진다.

• 잘 웃으면 사람들과 더 친해진다고 해요. 왜 그럴까요?

–웃어주면 나를 더 좋아하는 것 같다.

–웃으면 함께 놀고 싶다.

–웃으면 따라 웃게 되어 기분이 좋다.

–다른 사람들과 친해진다.

○ 웃지 않는 친구를 웃게 하는 방법을 모색한다.

• ○○가 웃을 수 있는 방법을 함께 생각해 봅시다. 어떻게 하면 ○○가 웃을 수 있을까요?

–재미있는 이야기를 들려준다.

–재미있는 표정, 웃기는 표정을 짓는다.

–친구의 몸을 간지럼 태운다.

–친구가 좋아하는 선물을 만들어준다.

–친구와 함께 재미있게 놀이한다.

–친구가 나를 따라 웃게 한다. 친구와 마주 보고 서서 크게 소리 내어 웃는다.

○ 모색한 방법을 옆에 앉아 있는 친구와 실천해 본다.

• 우리가 이야기한 방법 중 한 가지를 골라서 옆 친구를 웃겨봅시다.

○ 다른 사람이 웃게 도와주면 서로 마음이 더욱 기쁘고 행복해지므로 실천을 다짐한다.

- 옆에 앉아 있는 친구를 웃게 하니 기분이 어떤가요?
  - 친구가 웃으니까 나도 웃고 싶어진다.
  - 친구가 행복해진 것 같아서 나도 기분이 좋아진다.
- 친구를 따라 웃으니 기분이 어떤가요?
  - 화가 풀리고 함께 놀 수 있게 되어서 기쁜 마음이 생긴다.
  - 함께 행복해질 것 같다.
- 이렇게 웃음은 우리를 기쁘고 행복하게 만들어주어요. 많이 웃을수록 우리 몸도 건강해진다고 해요. 우리 모두 함께 많이 웃도록 합시다!

유의점

- 웃음이 우리에게 주는 긍정적인 효과에 초점을 맞추어 활동을 전개하며 유아들이 웃을 수 있는 다양한 방법을 실천해 볼 수 있도록 격려한다.

햇빛은 누구에게나 따뜻한 빛을 준다. 그리고 사람의 웃는 얼굴도 햇빛과 같이 친근감을 준다. 인생을 즐겁게 지내려면 찡그린 얼굴을 하지 말고 웃어야 한다. -슈와프

칭찬으로 우리 마음이 더 행복해져요

집단형태 대집단 활동

활동유형 이야기나누기·조형

활동목표

- 선행을 하면 감사의 말이나 칭찬받게 됨을 안다.
- 선행을 통해 칭찬이나 감사의 말을 주고받으면 마음이 행복해짐을 깨닫는다.
- 내가 주고받았던 칭찬을 그림과 이야기로 표현한다.
- 칭찬과 상관없이 선행의 가치를 내면화하고 실천한다.

성격 강점과 덕목

- 지혜와 지식 – 통찰
- 용기 – 용기
- 인간애 – 친절; 사랑
- 정의 – 리더십
- 절제 – 겸손/겸양
- 초월성 – 감사

인성교육 관련

- 배려 – 친구, 가족, 이웃에 대한 배려
- 존중 – 자신과 전통문화에 대한 존중
  – 다른 사람들과 다른 문화에 대한 존중

활동자료

손인형, 도화지, 크레파스

활동방법

○ 손인형으로 칭찬받아 기분이 좋은 상황을 들려준다. (Tip 1 참고)

> **Tip 1**
> 손인형을 활용한 도입방법 외에도 학급 유아들의 공통된 경험이나 선생님 자신의 경험을 간단히 들려줄 수도 있다.

- 손인형 : 얘들아, 안녕! 난, 오늘 아침에 정말 기분이 좋아!
  교　사 : ㅇㅇ가 무슨 일이 있었을까? 우리 함께 ㅇㅇ에게 물어볼까요?
  유아들 : ㅇㅇ야, 기분이 왜 좋아?
  손인형 : (웃으며) 오늘 엄마한테 칭찬을 받았어.
  교　사 : ㅇㅇ의 엄마는 무슨 일로 ㅇㅇ를 칭찬하셨을까요?
- 학급의 유아들이 ㅇㅇ의 엄마가 어떤 칭찬을 해 주셨는지 추측해 보도록 한다.
  - ㅇㅇ가 엄마를 도와드려서 칭찬하셨다.
  - ㅇㅇ가 동생을 돌보아 주었더니 착하다고 칭찬하셨다.

칭찬받아 기분 좋은 상황 들려주기

○ 누구에게 칭찬을 듣고 기분이 좋아진 경험에 대해 이야기 나눈다. (Tip 2 참고)
- ㅇㅇ처럼 다른 사람으로부터 칭찬을 받아서 기분이 좋아질 때가 있었나요?
  - 지난번에 친구, 선생님을 많이 도와주어서 선생님께서 칭찬해 주셨다.
  - 엘리베이터 버튼을 누르고 기다려드렸더니 이웃집 아주머니가 고맙다고 하시고 칭찬도 해 주셨다.

Tip 2
유아들의 구체적인 경험이야기를 들어보기 전에 '칭찬'이라는 단어를 언급해 주고 어떤 일을 했을 때 들었는지 질문함으로써 단순히 들어서 기분 좋은 말이 아닌 자신의 어떤 행동이나 노력에 대해 칭찬받은 경험을 나눌 수 있도록 격려한다.

○ 가족이나 친구들에게 칭찬을 받으면 어떤 기분이 드는지 이야기 나눈다.

- 다른 사람이 나를 칭찬하는 말을 들었을 때 어떤 기분이 드나요?
  - 기분이 좋다, 웃음이 난다, 뛰고 싶다, 쑥스럽다, 춤을 추고 싶어진다, '다음에도 잘해야겠다.'는 생각을 한다, 칭찬받은 것을 다른 사람에게 자랑하고 싶어진다, 기쁘고 행복해진다, 칭찬해 준 사람에게 '고맙다'는 생각이 든다.

○ '칭찬'을 하는 이유에 대해 함께 생각해 보고 이야기 나눈다.

- 사람들은 나에 대해 왜 칭찬을 하는 걸까요? 사람들은 왜 다른 사람을 칭찬하는 것일까요?
  - 내가 도와주니까 고마운 마음이 들어서이다.
  - 내가 착한 마음을 가지고 있으니까 멋지다는 생각이 들어서이다.
  - 내가 앞으로 더 잘하라고 격려해 주기 위해서이다
  - 엄마와 아빠가 나를 많이 사랑하시기 때문이다.
  - 칭찬을 받으면 기분도 좋아지고 착한 일도 더 많이 하기 때문이다.

○ '내가 칭찬받았던 일' 그림 그리기 활동을 소개한다.

- 자유선택활동 시간에 오늘 이야기한 것 중에서 내가 칭찬받았던 경험, 칭찬을 받고 싶은 이야기를 그림으로 그려보도록 해요.

○ 귀가 지도 시간에 유아가 그린 '칭찬 경험' 그림을 2~3장씩 소개해 주고 칭찬 경험을 함께 공유한다.

- ◇◇는 누구로부터 어떤 칭찬을 받았나요?
- 친구(선생님)로부터 칭찬을 받았을 때 어떤 마음이 들었나요?
- ◇◇의 그림을 보고 칭찬받았던 이야기를 들으니, 선생님도 ◇◇를 많이 칭찬해 주고 싶은 마음이 들었어요. 여러분은 어땠나요? 그럼 ◇◇가 앞으로도 다른 사람을 잘 도와주라고 칭찬의 박수를 함께 쳐줍시다.

유의점

- 본 활동에서의 '칭찬'은 타인에게 친절을 베풀고 도움을 주거나 양보하는 등 배려하는 마음을 강조한다.
- '칭찬' 활동은 일상생활에서 교사가 실천하고 모델링이 되어야 한다.

친구야~ 기다려줄게!

집단형태 대집단 활동

활동유형 노래

활동목표

- 친구를 기다려주는 것은 배려하는 마음임을 안다.
- 친구가 배려해 줄 때 감사의 말이나 칭찬을 한다.
- 칭찬, 감사의 말을 주고받으면 마음이 행복해짐을 깨닫는다.
- 친구를 배려하는 마음에서 나오는 행동에 대해 안다.
- 친구의 배려를 받은 것처럼 다른 사람을 배려해 줄 수 있다.

성격 강점과 덕목

- 지혜와 지식 – 통찰
- 용기 – 용기
- 인간애 – 친절
  – 사랑
- 정의 – 공정함
  – 리더십
- 절제 – 겸손/겸양
- 초월성 – 감사

인성교육 관련

- 배려 – 친구, 가족, 이웃에 대한 배려
- 존중 – 자신과 전통문화에 대한 존중
  – 다른 사람들과 다른 문화에 대한 존중

활동자료

손인형 2개, 노랫말 자료(만 4·5세), 칠판펜 (Tip 참고)

> **Tip**
> 노랫말 중 '천천히 와도 괜찮아' 부분을 개사해 적을 수 있도록 노랫말 자료에 부착할 가림종이를 준비한다.

활동방법

○ 유아들에게 노래를 불러준다.

• 선생님이 '기다려줄게'라는 노래를 들려줄게요.

○ 노랫말에 대해 이야기 나눈다.

• 노래에 어떤 이야기가 있나요?

– 천천히 와도 괜찮아.

– 내가 너의 곁에서 기다려줄게.

– 친구이니까 곁에서 기다려줄게.

유아들에게 노래 '기다려줄게' 들려주기

○ 유아들에게 노래를 한번 더 불러준다. 노래를 부르고 싶은 유아들은 같이 부르게 한다.

○ 내가 친구를 기다려주었거나 친구가 나를 기다려주었던 경험에 대해 이야기 나눈다.

• ○○반 어린이들도 친구를 기다려본 적이 있나요? 언제 기다려보았나요?

• 반대로 친구가 나를 기다려준 적이 있나요? 언제 친구가 나를 기다려줬나요?

• 친구가 나를 기다려주었을 때 어떤 마음이 들었나요?

– 고마운 마음이 들었다.

• 친구에게 어떤 말을 했나요?

–기다려줘서 고마워.

○ 기다려주는 행동이 상대방을 배려하는 따뜻하고 친절한 마음이 담겨있는 행동이기 때문에 칭찬받을 만한 행동임을 이야기한다.

- 왜 사람들은 누군가를 기다려줄까요?
  –함께 놀이하기로 했기 때문에
  –같이 가기로 했기 때문에
  –혼자 가면 친구가 외롭기 때문에
- 친구를 기다리는 마음은 어떤 마음일까요?
  –친절한 마음, 따뜻한 마음, 착한 마음
- 친절하고, 따뜻하고, 착한 행동을 보면 사람들은 어떤 생각이나 말을 하나요?
  –좋은 사람이라고 생각한다.
  –착한 사람이라고 생각한다.
  –"고마워."라고 이야기한다.
  –"감사합니다."라고 이야기한다.

○ 노랫말 중 "천천히 와도 괜찮아" 부분에 상대방을 배려했던 행동, 상대방을 기다려주었던 행동으로 바꾸어 부른다.

- "먼저 지나가도 돼, 내가 문을 열어줄게. 난 너의 친구이니까 내가 문을 열어줄게."
- "내 손을 꼭 잡아. 네가 미끄러지지 않게 잡아. 넌 나의 친구니까 네가 미끄러지지 않게 잡아줄게."

○ 우리 모두 서로를 배려하는 따뜻하고 친절한 마음을 나누고 행동하기를 다짐하며 다시 한번 노래를 불러본다.

기다려 줄게

김진영 작사
김진영 작곡

남을 행복하게 할 수 있는 사람만이 행복을 얻을 수 있다.

－플라톤

우리 선생님을 칭찬할래요

집단형태 대집단 활동

활동유형 이야기나누기

활동목표

- 선생님의 가르침과 보살펴주심에 감사하는 마음을 표현한다.
- 칭찬은 감사하는 마음에서 비롯된 것임을 안다.
- 칭찬이나 감사의 말을 주고받으면 마음이 행복해짐을 깨닫는다.

성격 강점과 덕목

- 지혜와 지식 – 통찰
- 용기 – 용기
- 인간애 – 친절
– 사랑
- 정의 – 공정성
– 리더십
- 절제 – 겸손/겸양
- 초월성 – 감사

인성교육 관련

- 배려 – 친구, 가족, 이웃에 대한 배려
- 존중 – 자신과 전통문화에 대한 존중
– 다른 사람들과 다른 문화에 대한 존중

활동자료

어린이들의 칭찬 카드가 담긴 상자

활동방법

○ 칭찬 카드를 읽으며 선생님께서 해 주신 칭찬을 회상한다.

- 3～4장의 칭찬 카드를 꺼내어 교사 또는 유아가 읽는다.
- 선생님께서 어떨 때 칭찬을 하시는지 회상한다.
- 혹시 생각나는 것이 있나요?
  - –친구들과 사이좋게 지내서요.
  - –선생님을 도와드려서요.
  - –동생을 도와주어서요.
  - –친구들과 놀잇감을 나누어서요.
  - –친구들에게 양보해서요.
- 선생님이 ○○반 어린이들을 칭찬하는 말을 들으니 어떤 기분이 들었나요?
  - –기분이 좋아요.
  - –기쁘고 행복해요.
  - –나도 ○○처럼 선생님을 잘 도와드리고(예 : 친구들과 사이좋게 지내고, 동생들을 잘 도와주고) 싶어졌어요.

○ 선생님과 지낸 1년을 돌아보며 선생님을 칭찬해 드리고 싶은 일들이 있는지에 대해 함께 이야기 나눈다.

- 그동안 선생님과 ○○반에서 지내면서 있었던 일들을 생각해 봅시다. 선생님께 칭찬드릴 일이 있나요? 선생님의 어떤 점을 칭찬하고 싶나요?
  - –우리가 재미있게 놀이할 수 있도록 교실 안에 놀잇감, 책들을 준비해 주셨다.
  - –자유선택활동 시간에 재미있게 놀아주셨다.
  - –예전에는 몰랐던 것들, 혼자 하기 어려웠던 것들을 가르쳐주셨다.
  - –우리가 바르게 자라도록 지도해 주셨다(예 : 기본생활습관, 친구관계 등).
  - –우리가 아프거나 다쳤을 때 치료해 주셨다.
  - –웃는 얼굴로 이야기하신다.
  - –친절하게 도와주신다.
- 우리 선생님께 어떤 마음이 드나요?
  - –감사한 마음이 든다.

– 선생님께서 우리를 행복하게 해 주셔서(도와주셔서) 기분이 좋다.

– 선생님께서 우리를 칭찬해 주셨던 것처럼 우리도 선생님을 칭찬해 드리고 싶다.

○ 칭찬하고 싶은 마음이 상대방에게 감사한 마음, 상대방을 좋아하는 마음에서 비롯된 것이라는 점에 대해 이야기 나눈다.

• 그동안 선생님께서 여러분을 칭찬해 주었고, 오늘은 여러분이 선생님을 칭찬해 주었어요. 이렇게 서로 칭찬을 주고받으니 어떤 기분이 들었나요?

– 칭찬을 주고받으니 기분이 좋다.

– 어린이집/유치원에서 더 행복할 것 같다.

– 서로를 더 좋아하게 될 것 같다.

• 칭찬하고 싶은 마음은 감사할 때, 착하고 좋은 점이 있을 때 생기지요. 우리 앞으로 더욱 서로 사랑하고 감사하며 칭찬해 줍시다!

유의점

• 본 활동에서의 '칭찬'은 타인에게 친절을 베풀고 도움을 주거나 양보하는 등 배려하는 마음에서 비롯된 것이기 때문에 어린이들이 교사를 칭찬할 때에도 외형적 행동만이 아니라 행동에 나타난 배려와 감사의 태도가 중요함을 일깨워주도록 한다.

> 행복한 사람은 남을 행복하게 만들어줄 수 있다. 남을 복되게 해 주면 자신의 행복도 한층 더한 것이다. –크림

정말 후회해요! 욕심 부린 것

집단형태 대집단 활동

활동유형 이야기나누기

활동목표

- 욕심은 행복을 방해하는 요소임을 안다.
- 욕심을 부리지 않아야 행복해질 수 있음을 안다.
- 욕심을 부리지 않아야 행복해진다는 인식을 내면화한다.
- 욕심 부리지 않으려는 마음을 실천하기 위해 노력한다.
- 욕심을 부리지 않고 남을 배려하여 행복해진 마음을 친구들과 공유한다.
- 욕심을 부리지 않고 행복하게 지내는 기술을 배운다.

성격 강점과 덕목

- 지혜와 지식 – 통찰
- 정의 – 공정함
- 절제 – 신중함
– 자기조절
- 인간애 – 친절
– 사회적 지능

인성교육 관련

- 배려 – 친구, 가족, 이웃에 대한 배려
- 나눔 – 나눔의 의미 알기
– 나눔을 실천하기
– 나눔에 참여하기
- 질서 – 기초질서/법질서/사회질서

활동방법

○ '욕심'이라는 말의 뜻에 대해 이야기를 나눈다.

- '욕심'이라는 말은 무슨 뜻일까요? (Tip 1 참고)
  - 남보다 더 많이 가지려는 마음이다.
  - 다른 사람이 갖지 못하게 하고 혼자서 차지하려는 마음이다.
  - 내 것이 있음에도 불구하고 더 가지고 싶거나 더 하고 싶은 마음이다.

> **Tip 1**
> • '욕심'의 사전적 정의
> : 분수에 넘치게 무엇을 탐내거나 누리고자 하는 마음

○ '욕심'을 부렸던 경험에 대해 이야기 나눈다.

- 욕심을 부린 적이 있나요? 언제, 무슨 일로 욕심을 부렸나요?
  - 친구가 가지고 놀고 있는 장난감을 뺏었다.
  - 맛있는 음식이 있을 때 언니(동생, 친구)와 나누어 먹지 않고 나 혼자 먹었다.
  - 선생님 앞에 1등으로 서려고 친구들을 밀쳐냈다.
  - 친구들이 기다리는 데도 컴퓨터 활동을 계속했다.
- 왜 욕심을 부리게 되었나요?
  - 더 많이 가지고(하고) 싶어서
  - 더 빨리 하고 싶어서
  - 더 오래 하고 싶어서
- 내 욕심대로 하고 난 후 무슨 일이 일어났나요?
  - 친구(언니, 동생)와 싸웠다, 친구(언니, 동생)가 속상해서 울었다.
  - 선생님(엄마, 아빠)께 꾸중 들었다.
  - 속상해 하는 친구(언니, 동생)의 모습을 보니 내 마음은 어땠나요? 어떤 생각이 들었나요? (Tip 2 참고)
  - 친구(형제)에게 미안한 마음이 들었다.
  - 욕심 부린 것을 후회했다.
  - 나의 마음도 행복하지 않았다.

> **Tip 2**
> 친구나 형제가 욕심을 부려 자신이 속상했던 경험을 떠올려 보거나 욕심을 부린 나의 모습이 다른 사람들에게 어떻게 비춰질지 생각해 보게 한다.

- 만약 내가 욕심을 부렸던 그때로 다시 돌아간다면 어떻게 하고 싶은가요?
  - 친구(언니, 동생)와 사이좋게 나누어 쓴다, 친구(언니, 동생)와 순서를 정해서 쓴다.
  - 욕심을 부리지 않고 참는다.

○ '욕심'과 '행복'의 관계에 대해 이야기 나눈다.

- 내가 지나친 욕심을 부렸을 때 친구들이나 가족들의 마음은 어땠을까요?
  - 슬픈 마음, 속상한 마음, 미운 마음, 행복하지 않은 마음, 나를 나쁘다고 생각하는 마음, 나를 아기 같다고 생각하는 마음
- 욕심을 부린 나는 행복해졌을까요? 나의 욕심 때문에 속상해하는 사람들의 모습을 떠올려보세요. 갖고 싶은 것, 하고 싶은 것을 했지만 나는 정말 행복했나요? 왜 욕심을 부리면 안 될까요?
  - 나의 욕심 때문에 다른 사람들이 속상해하고 힘들어한다.
  - 내 욕심대로만 하면 친구들이 다 떠나간다.
  - 욕심을 부린 사람도 결국 불행하게 된다.

○ '욕심'을 극복하는 방법에 대해 이야기 나누며, 실천하기로 한다.

- 욕심을 부리지 않으려면 어떻게 해야 할까요?
  - 다른 사람의 입장에서 생각해 보고 참는다.
  - 다른 사람들과 서로 돕고 나누고, 양보하며 지낸다.

유의점

- 자기만을 위한 이기적인 욕심은 자신과 주변 사람들 모두의 행복을 방해한다는 점을 유아들이 깨달을 수 있도록 한다.

> 행복에 이르는 길은 욕심을 채울 때가 아니라 비울 때 열린다.
>
> –에피쿠로스

'욕심쟁이' 이야기, 우리가 만들었어요!

집단형태 소집단 활동(5~8명)

활동유형 동화 창작

활동목표

- 욕심을 부리지 않아야 행복해질 수 있음을 안다.
- 욕심을 부리지 않고 행복하게 지내는 기술을 배운다.
- 욕심 부리지 않으려는 마음을 동화에 표현한다.
- 욕심을 부리지 않아야 행복해진다는 인식을 내면화한다.
- 욕심을 부리지 않고 남을 배려하는 생활습관을 기른다.
- 욕심 부리지 않으려는 마음을 실천하기 위해 노력한다.

성격 강점과 덕목

- 지혜와 지식 – 개방성; 통찰; 창의성
- 용기 – 진정성
- 인간애 – 친절; 사회적 지능
- 정의 – 공정함; 협동심
- 절제 – 자기조절

인성교육 관련

- 배려 – 친구, 가족, 이웃에 대한 배려
- 나눔 – 나눔의 의미 알기/나눔을 실천하기/나눔에 참여하기
- 질서 – 기초질서/법질서/사회질서

활동자료

유아들과 함께 찾아보았던 '욕심'을 주제로 한 동화책, 그림 그리기 도구(색지, 크레파스, 색연필, 사인펜, 가위, 풀 등), 글쓰기 도구

활동방법

[소집단으로 모여 책 만들기 계획하기]

○ 동화 창작활동에 참여할 유아 5~8명과 함께 모여 앉는다.

○ 그동안 유아들과 함께 찾아본 '욕심'을 주제로 한 동화의 줄거리를 회상한다. (Tip1 참고)

- 욕심을 부린 주인공이 나오는 동화들을 생각해 봅시다. 어떤 동화가 있었나요?
- 동화에서 누가, 어떤 욕심을 부렸나요?
- 왜 욕심을 부렸나요?
- 욕심을 부려서 ○○은 어떻게 되었나요? 주위 사람들은 어떻게 되었나요?
- 행복하기 위해서 어떻게 했으면 좋았을까요?
- 동화를 듣고 나서 어떤 생각이 들었나요?
  - 행복하기 위해서 지나친 욕심을 부리면 안 된다.
  - 나만을 위해 욕심을 부리면 나도, 다른 사람도 행복할 수 없다.

Tip 1
사전에 유아들과 그동안 욕심을 주제로 한 동화에 대해 알아보고 이야기 나누었던 내용을 짧게 회상하여 동화를 창작하는 데 참고하게 한다.

○ 동화책 만들 것을 제안한다.

- 행복하기 위해 욕심을 너무 많이 부리면 안 된다는 내용의 책을 만들어봅시다.

○ 동화의 줄거리를 만든다. (Tip 2 참고)

- 동화의 주인공을 누구로 정할까요? 주인공이 어디에 살고, 무엇을 한다고 정할까요? 누가 어떤 욕심을 왜 부렸다고 할까요? 욕심을 부리고 나서 어떤 일이 벌어졌다고 정할까요? 주인공이 어떻게 하는 것으로 이야기를 끝맺을까요? 이야기의 제목을 무엇으로 정할까요?

Tip 2
유아들이 욕심을 주제로 동화의 줄거리를 구성해 나갈 수 있도록 교사가 기본적 질문을 한다. 유아들이 줄거리에 대한 아이디어를 쉽게 생각하지 못할 경우 교사의 생각을 제안하거나 기존의 동화 줄거리를 참고하게 하고 유아의 아이디어를 구체화하는 등 줄거리 구성과정에 교사가 적극적으로 활동을 이끌어간다.

○ 동화를 만들기 위한 과정에 대해 이야기 나눈다.

- 이 이야기를 동화로 만들어봅시다.
  - 각 장면마다 그림을 그리고 이야기를 글로 쓴다.

–표지를 만들고 표지에 제목과 지은이, 책을 만든 날짜를 쓴다.

–이야기의 장면들을 순서대로 모아서 책으로 묶는다.

소집단으로 모여 책 만들 계획하기

소집단으로 '욕심'을 주제로 한 책 만들기

[개별 혹은 소집단으로 책 만들기]

○ 동화 제작에 필요한 일을 분담하여 실내 자유선택 활동 시간에 개별 혹은 소집단으로 동화를 만든다. (Tip 3, Tip 4 참고)

[책 완성 및 평가하기]

○ 각자 맡은 역할을 마친 후 다시 모여서 각각의 장면을 연결하여 동화를 완성한다. (Tip 5 참고)

○ 완성된 동화를 읽어보고 평가한 뒤 평가를 반영해 동화를 수정한다.

- 고칠 점이 있나요? 더 재미있게 만들 수 있는 생각이 있나요?

[학급 유아들에게 완성한 책 들려주기]

○ 전체 학급 유아들에게 동화를 보여준 후 동화 내용에 대해 이야기 나눈다.

Tip 3
특정 인물이 반복적으로 등장하거나 같은 배경 그림이 계속될 경우 하나의 인물(배경)을 복사한 후 필요한 장면마다 오려붙여 그림에 통일감을 준다.

Tip 4
유아들의 글자 쓰기 수준을 고려하여 교사가 필요한 부분을 도와준다. 만 4세 학급에서는 교사가 글자를 대신 써 줄 수 있다. 만 5세 학급의 경우 유아들이 직접 쓰거나 컴퓨터를 활용하여 출력 후 오려붙일 수 있다.

Tip 5
유아들이 만든 동화에서 행복하기 위해 욕심을 자제하자는 주제가 나타나도록 이야기를 구성한다.

Tip 6
교사가 읽어주거나 동화를 만든 유아들이 직접 읽어주게 한다.

• 그동안 선생님과 함께 동화를 만든 어린이들이 있어요. 동화를 들려줄게요. (Tip 6 참고)
• 동화에 누가 나왔나요? 어떤 일이 있었나요?
• 동화를 듣고 나서 어떤 생각이 들었나요?
–욕심을 부린 결과로 자신과 다른 사람들이 행복할 수 없었음을 알게 되었다.

○ 동화책을 교실 내 언어 영역 또는 컴퓨터 영역에 두어 실내 자유선택활동 시간에 학급 유아들이 읽어보게 한다.

'욕심'을 주제로 한 창작 동화 감상하기

'욕심'을 주제로 한 창작 동화 복도 벽면 전시

유의점

• 본 활동은 소집단 유아들이 모여서 책 만들기에 대한 계획을 세우고 각자 혹은 집단으로 맡은 역할을 수행한 후 다시 모여 책을 완성하는 방식으로 이루어진다. 1회에 이루어지는 활동이 아니므로 유아들의 흥미나 집중도에 따라 융통성 있게 충분한 시간(2~3일 정도)을 안배하고 교사는 각 과정에서 유아들의 흥미와 적극적 참여를 이끌어낸다.
• 동화의 줄거리를 구성하고 완성된 동화를 듣고 이야기를 나누는 과정에서 자신만 생각하고 욕심을 부리면 행복해지지 않으므로 욕심을 경계하고 남을 배려하자는 동화의 주제를 생각해 보게 하는 것에 상호작용의 초점을 둔다.

유아들이 만든 '욕심쟁이' 이야기

- 창작 동화 『생각 없는 사자 으르렁이』 : 재미있는 것, 좋아하는 것, 맛있는 것을 혼자만 차지하려고 하는 '생각 없는 사자 으르렁이'에 대한 이야기

- 창작 동화 『나만 가질래 제니 이야기』 : 혼자 모든 것을 독차지하려 했던 욕심쟁이 제니가 다른 사람과 물건을 나누어 사용하게 된 이야기

욕심 부리면 안돼요!

집단형태 대집단·소집단 활동

활동유형 이야기나누기·조형

활동목표

- 욕심을 부리지 않아야 나와 친구들이 행복하게 지낼 수 있음을 안다.
- 학급에서 욕심을 부리지 않고 행복하게 지내는 기술을 배운다.
- 욕심 부리지 않는 마음을 실천하기 위한 방법을 고안하고 실천한다.
- 욕심 부리지 않고 남을 배려하는 생활습관을 기른다.
- 욕심 부리지 않으려는 마음을 실천하기 위해 노력한다.

성격 강점과 덕목

- 지혜와 지식 – 통찰
- 용기 – 진정성
- 인간애 – 친절
  – 사회적 지능
- 정의 – 공정함
  – 협동심
- 절제 – 자기조절

인성교육 관련

- 배려 – 친구, 가족, 이웃에 대한 배려
- 나눔 – 나눔의 의미 알기/나눔을 실천하기/나눔에 참여하기
- 질서 – 기초질서/법질서/사회질서

활동자료

포스터 샘플, 포스터 제작 도구(도화지, 색지, 매직펜, 크레파스, 가위, 풀 등)

활동방법

○ 욕심 때문에 학급에서 벌어지는 문제 상황에 대해 이야기 나눈다. (Tip 1 참고)

• ○○반에서 누가 욕심을 부렸던 일이 있었나요? 언제 욕심을 부렸나요?

 – 놀잇감들을 혼자서 다 차지했다, 줄을 서려고 뛰어가다가 넘어졌다.

○ 욕심을 부릴 때 발생할 문제 상황을 유추하고 개선 방안에 대해 생각한다.

• 만약 혼자서 놀잇감을 다 차지하면 어떤 일이 일어날까요?

 – 놀잇감으로 놀고 싶은 친구들이 나 때문에 놀지 못한다.

 – 놀잇감을 갖고 싶은 친구들과 다툴 수도 있다.

 – 나도, 친구들도 행복하지 않다.

• 친구들과 놀잇감을 가지고 놀 때는 어떻게 해야 할까요?

 – 함께 갖고 논다, 알맞게 나누어 쓴다, 필요시 순서를 정한다, 양보한다.

○ 욕심 부리지 않기를 실천하기 위한 방법에 대해 이야기 나눈다.

• ○○반 어린이들 중 몇 명이 욕심을 부린다면 어떻게 될까요?

 – 누군가 놀잇감을 사용하지 못해 속상하고 행복하지 않다.

 – 뛰어온 친구 때문에 뒤에 줄을 서서 차례를 한참 기다릴 수 있다.

• 어떻게 하면 ○○반 어린이들 모두가 욕심 부리지 않기를 실천할 수 있을까요?

 – 욕심 부리지 않기를 글로 쓰고 그림을 그려 ○○반 어린이들의 눈에 잘 띄는 곳에 붙여놓는다.

○ 포스터를 만들어 볼 것을 제안한다.

• 욕심 부리지 않기 포스터를 만들어서 교실 벽에 붙여봅시다.

○ 포스터의 내용과 만들기 역할을 정한다. (Tip 2 참고)

• 포스터에 어떤 내용을 넣을까요?

 – 먹을 것을 나눠먹어요, 1등은 중요하지 않아요, 친구에게

Tip 1
본 활동은 '정말 후회해요! 욕심부린 것' 및 '욕심쟁이 이야기, 우리가 만들었어요!' 활동의 후속활동으로 실시한다. 학급에서 욕심이 날 수 있는 상황과 개선 방안에 초점을 맞추어 포스터를 만듦으로써 욕심에 대한 문제의식과 욕심을 부리지 말자는 교훈을 공유하고 실천하는 데 중점을 둔다.

Tip 2
유아들이 포스터 문구를 생각할 수 있도록 교사가 도움을 준다. 유아들이 줄거리에 대한 문구를 쉽게 생각하지 못할 경우 교사가 제안하거나 유아의 이야기를 간략화하는 등의 도움을 주어 활동을 이끌어간다.

인형을 빌려줘요.

- 어떤 그림을 그리면 좋을까요?
- 첫 번째(두 번째, 세 번째 등) 포스터는 누가 만들까요? (Tip 3 참고)

○ 자유선택활동 시간에 모둠별로 모여 담당한 포스터를 제작한다.

Tip 3
각각의 포스터에 원하는 유아들을 배정하여 모둠을 구성한다. 실내 자유선택활동 시간에 모둠별로 모여 교사와 함께 포스터를 제작한다.

○ 전체 학급 유아들에게 모둠별로 만든 포스터를 소개한다.

- ○○모둠이 만든 포스터를 읽어봅시다. 어떤 말과 그림이 있나요?
- 어디에 붙이면 좋을까요?

유아들이 만든 '욕심'을 주제로 한 포스터

○ 포스터를 교실 벽면에 게시한다. 벽에 붙인 포스터를 자주 보면서 욕심 부리지 않기를 실천하기로 다짐한다.

유의점

- 본 활동은 대집단 모임에서 포스터 제작 계획을 세우고 모둠별로 포스터를 만든 후 대집단으로 모여 완성된 포스터를 소개하고 마치므로 2~3일 정도 시간을 배정한다.
- 다른 학급 유아들에게 포스터를 보여주며 주제와 내용에 대해 소개한 뒤 유치원/어린이집 내 복도, 현관 등에 게시하여 관람하게 한다.

용서하니 마음이 어떤가요?

집단형태 대집단 활동

활동유형 이야기나누기

활동목표

- 용서는 잘못을 저지른 사람을 원망하거나 탓하지 않고 덮어주는 것임을 안다.
- 용서는 잘못을 저지른 사람이 그로 인해 처한 어려운 상황이나 괴로운 마음을 불쌍히 여기는 마음에서 비롯된 것임을 안다.
- 용서를 하면 용서를 하는 사람이나 받는 사람 모두 마음이 평안하고 행복해짐을 안다.
- 자신에게 잘못을 저지른 사람을 측은히 여기고 용서하기 위해 노력한다.
- 다른 사람에게 잘못을 저질렀을 때 잘못을 반성하고 용서받기 위해 노력한다.

성격 강점과 덕목

- 지혜와 지식 – 통찰
- 용기 – 용기
- 인간애 – 친절; 사회적 지능
- 절제 – 용서/자비
  – 자기조절
- 초월성 – 감사

인성교육 관련

- 배려 – 친구, 가족, 이웃에 대한 배려

활동방법

○ '용서'라는 말의 뜻에 대해 이야기를 나눈다.

- '용서'라는 말을 들어본 적이 있나요? '용서'는 무슨 뜻일까요? (Tip 참고)

> **Tip**
> - '용서'의 사전적 정의
> : 지은 죄나 잘못한 일에 대하여 꾸짖거나 벌하지 아니하고 덮어줌

–다른 사람이 저지른 잘못을 원망하거나 탓하지 않고 덮어주는 것을 말한다.

○ 누군가를 용서했던 경험이나 용서받았던 경험에 대해 이야기를 나눈다.

• 누군가를 용서해 준 적이 있나요? 언제, 무슨 일로 용서해 주었나요?

–친구가 내가 갖고 놀던 장난감을 빼앗았는데 용서해 주었다.

–동생(언니, 형, 친구)이 나를 때렸는데 용서해 주었다.

–언니(동생, 친구)가 내 과자를 몰래 먹어버렸는데 용서해 주었다.

• 왜 용서해 주었나요?

–친구(언니, 동생)가 잘못했다고 사과(뜻 : 잘못에 대해 용서를 빔)해서

용서를 주고받는 상황 이야기로 들려주기

–나도 그런 행동을 한 적이 있는데 용서받아서

–엄마가 언니 대신 과자를 사주셔서

–엄마/선생님이 용서해 주라고 해서

• 용서하면서 뭐라고 말했나요?

–괜찮아, 용서할게, 다음에 그러지 마.

• 용서했을 때 어떤 마음, 어떤 기분이 들었나요?

–기분이 좋았다, 화가 풀렸다.

• 다른 사람에게 용서받은 경험이 있나요? 언제, 무슨 일로 용서받았나요?

• 용서받았을 때 어떤 마음, 어떤 기분이 들었나요?

–고마운 마음, 기쁜 마음, 부끄러운 마음, 창피한 마음, 미안한 마음

○ 용서를 하거나 용서를 받고 난 후의 상황에 대해 이야기한다.

• 용서하거나 용서를 받고 난 후 어떤 일이 일어났나요?

–친구(언니, 동생)와 다시 사이좋게 놀았다.

–속상했던 마음이 풀려 다시 재미있게 놀이할 수 있었다.

• 내 잘못을 용서해 주지 않았을 때 어떤 마음이 들었나요?

–슬픈 마음, 미안한 마음, 속상한 마음, 괴로운 마음

○ 잘못을 저질렀을 때 용서를 받기 위해 필요한 행동에 대해 이야기 나눈다.

• 다른 사람에게 잘못을 저질렀을 때 어떻게 해야 할까요?
- "미안하다."고 사과한다.
- "다시는 안 그럴게." 약속을 하고 지킨다.

친구의 잘못 용서하기

○ 용서하는 마음에 대해 이야기를 나눈다.

• 용서하는 마음은 어떤 마음일까요?
- 잘못으로 괴로워하는 사람을 불쌍히 여기는 마음
- 화나거나 속상한 마음에서 벗어나고 싶은 마음
- 용서받은 적이 있어서 나도 용서하고 싶은 마음
- 실수로 잘못을 할 수도 있다고 생각하는 마음

○ 용서하기 전과 용서한 뒤 마음의 변화에 대해 이야기를 나눈다.

• 용서하기 전의 마음과 용서한 뒤의 마음은 어떻게 다를까요?
- 속상한 마음에서 기분 좋은 마음, 화난 마음에서 행복한 마음, 미안한 마음에서 고마운 마음, 슬픈 마음에서 기쁜 마음, 괴로운 마음에서 행복한 마음

○ 각자 잘못을 저지르지 않도록 노력하고 잘못을 한 사람을 용서함으로써 행복하게 지내기로 다짐한다.

괜찮아, 용서할게!

집단형태 대집단 활동

활동유형 노래

활동목표

- 용서는 잘못을 저지른 사람을 원망하거나 탓하지 않고 덮어주는 것임을 안다.
- 용서는 잘못을 저지른 사람이 그로 인해 처한 어려운 상황이나 괴로운 마음을 불쌍히 여기는 마음에서 비롯된 것임을 안다.
- 용서를 하면 용서를 하는 사람이나 받는 사람 모두 마음이 평안하고 행복해짐을 안다.
- 잘못을 저지른 사람을 측은히 여겨 용서할 수 있다.
- 잘못을 저질렀을 때 용서를 구하고 잘못을 반복하지 않도록 노력한다.

성격 강점과 덕목

- 지혜와 지식 – 통찰
- 용기 – 용기
- 인간애 – 친절
  – 사회적 지능
- 절제 – 용서/자비
  – 자기조절
- 초월성 – 감사

인성교육 관련

- 배려 – 친구, 가족, 이웃에 대한 배려

활동자료

노랫말 자료, 게시판

활동방법

○ 유아들에게 노래를 불러준다.

- 선생님이 '괜찮아'라는 노래를 들려줄게요.

○ 노랫말에 대해 회상한다.

- 노래에 어떤 이야기가 있나요?
  - 네가 잘못한 일이 있어도 괜찮아. 그럴 수도 있어. 마음에서/생각에서 지웠어. 모두 용서했어. 괜찮아.

○ 노랫말을 살펴보며 친구가 잘못한 일을 왜 그럴 수도 있는 행동이라고 이야기했을지 추론해 본다.

- 잘못을 저지른 친구에게 왜 '괜찮다'고 '그럴 수도 있다'고 말해 주는 걸까요?
  - 사람은 자신보다 다른 사람을 더 먼저 생각하지 못할 때도 있으니까
  - 사람은 욕심이 날 때도 있으니까
  - 사람은 화를 참지 못할 때도 있으니까
  - 사람은 누구나 다 실수를 할 수 있으니까
- '마음에서/생각에서 지웠어'는 어떻게 했다는 걸까요?
  - 잊어버릴게, 없었던 일로 생각할게, 그 일로 화내거나 슬퍼하지 않을게
- '괜찮다'는 것은 무엇을 해 주는 걸까요?
  - 용서
- 용서를 해 주면 어떤 좋은 일이 있을까요?
  - 속상하거나 슬펐던 마음이 풀려 기분이 좋아져요.
  - 다시 친구가 되어 함께 놀이할 수 있어요.
  - 친구를 좋아하고 사랑할 수 있어요.
  - 모두가 행복해질 수 있어요.

○ 용서해 주는 행동이 상대방의 입장에서 그 사람이 처한 상황이나 입장을 이해하는 행동, 배려하는 행동에서 나오는 행동임을 이야기한다.

- 용서하는 마음은 어떤 마음일까요?
  - 친구를 사랑하는 마음, 착한 마음, 잘못한 사람을 불쌍히 여기는 마음

• 친구에게 용서를 받으면 어떤 마음이 들까요?

 – 고맙다, 미안하다, 부끄럽다, 다음에는 잘못을 하지 않아야겠다.

○ 서로의 잘못을 용서하고 잘못을 하지 않으며 행복하게 지내기로 다짐한다.

○ 다시 한번 노래를 불러본다.

괜찮아

김진영 작사
김진영 작곡

'용서하는 마음'으로 행복해져요!

집단형태 소집단 활동(5~8명)

활동유형 동화 창작

활동목표

- 용서하는 여러 가지 방법과 사회적 기술을 배운다.
- 용서는 잘못을 저지른 사람을 원망하거나 탓하지 않고 덮어주는 것임을 안다.
- 용서는 잘못을 저지른 사람이 그로 인해 처한 어려운 상황이나 괴로운 마음을 불쌍히 여기는 마음에서 비롯된 것임을 안다.
- 용서를 하면 용서를 하는 사람이나 받는 사람 모두 마음이 평안하고 행복해짐을 안다.
- 잘못을 저지른 사람을 측은히 여기고 용서할 수 있다.
- 잘못을 저질렀을 때 용서를 구하고 잘못을 반복하지 않도록 노력한다.

성격 강점과 덕목

- 지혜와 지식 – 통찰; 창의성
- 용기 – 용기
- 인간애 – 친절; 사회적 지능
- 절제 – 용서/자비
  – 자기조절
- 초월성 – 감사
- 정의 – 협동심

인성교육 관련

- 배려 – 친구, 가족, 이웃에 대한 배려

활동자료

그림 그리기 도구(색지, 크레파스, 색연필, 사인펜, 가위, 풀 등), 글쓰기 도구

활동방법

[소집단으로 모여 책 만들기 계획하기]

○ 동화 창작활동에 참여할 유아 5~8명과 함께 모여 앉는다.

○ '용서'를 주고받는 다양한 표현방법에 대해 이야기 나눈다.

- 잘못을 한 친구를 용서할 때 어떤 말을 하기로 했나요?
  - "괜찮아", "용서할게.", "그럴 수도 있지!", "다음에 그러지 마!"
- 친구에게 용서를 받을 때 어떤 말을 하기로 했나요?
  - "용서해줘서 고마워", "미안해, 이젠 그러지 않을게."
- 용서를 한 다음, 용서를 받은 다음에는 어떻게 지내나요?
  - 예전처럼 사이좋게 놀이한다. 웃으며 이야기한다. 친하게 지낸다. 친구가 하는 말을 잘 들어주고 고개를 끄덕여준다. 서로 도우며 아껴준다.

○ '용서하기'를 내용으로 포함시켜 동화책 만들 것을 제안한다.

- 다른 사람의 잘못을 용서해 주어 용서해 준 사람과 용서받은 사람 모두가 행복해졌다는 내용의 책을 만들어봅시다.

○ '용서'의 내용이 포함된 동화에 대해 떠올려보고 이야기 나눈다.

- 우리가 읽어보았던 동화에서 용서에 대한 내용을 읽어본 적이 있었나요?
- 용서를 해준 인물이 있었나요? 언제, 어떤 일을 용서했었나요?

○ 동화의 줄거리를 만든다.

- 동화의 주인공을 누구로 정할까요? 주인공이 어디에 살고, 무엇을 한다고 정할까요? 주인공에게 누가 어떤 잘못을 저질렀다고 할까요? 주인공은 어떤 피해를 입게 되었다고 할까요? 혹은 어떤 마음이었다고 하면 좋을까요? 주인공이 어떻게 용서하는 것으로 이야기를 끝맺을까요? 용서를 받게 된 사람은 어떻게 변화되었을까요? 이야기의 제목을 무엇으로 정할까요?

○ 동화를 만들기 위한 과정에 대해 이야기 나눈다.

- 이 이야기를 동화로 만들어봅시다.
  - 각 장면마다 그림을 그리고 이야기를 글로 쓴다.

–표지를 만들고 표지에 제목과 지은이, 책 만든 날짜를 쓴다.

–이야기의 장면들을 순서대로 모아서 책으로 묶는다.

[개별 혹은 소집단으로 책 만들기]

○ 동화 제작에 필요한 일을 분담하여 실내 자유선택활동 시간에 개별 혹은 소집단으로 동화를 만든다. (Tip 1, Tip 2 참고)

Tip 1
특정 인물이 반복적으로 등장하거나 같은 배경 그림이 계속될 경우 하나의 인물(배경)을 복사한 후 필요한 장면마다 오려붙여 그림에 통일감을 준다.

Tip 2
유아들의 글자 쓰기 수준을 고려하여 교사가 필요한 부분을 도와준다. 만 4세 학급에서는 교사가 글자를 대신 써 줄 수 있다. 만 5세 학급의 경우 유아들이 직접 쓰거나 컴퓨터를 활용하여 출력 후, 오려붙일 수 있다.

[책 완성 및 평가하기]

○ 각자 맡은 역할을 마친 후 다시 모여서 각각의 장면을 연결하여 동화를 완성한다. (Tip 3 참고)

Tip 3
유아들이 만든 동화에서 행복하기 위해 용서하자는 주제를 찾을 수 있도록 이야기를 구성한다.

○ 완성된 동화를 읽어보고 평가한 뒤, 평가를 반영해 동화를 수정한다.

• 고칠 점이 있나요? 더 재미있게 만들 수 있는 생각이 있나요?

[학급 유아들에게 완성한 책 들려주기]

○ 전체 학급 유아들에게 동화를 보여준 후 동화 내용에 대해 이야기 나눈다.

• 그동안 선생님과 함께 동화를 만든 어린이들이 있어요. 동화를 들려줄게요. (Tip 4 참고)

Tip 4
교사가 읽어주거나 동화를 만든 유아들이 직접 읽어주게 한다.

• 동화에 누가 나왔나요? 어떤 일이 있었나요?

• 동화를 듣고 나서 어떤 생각이 들었나요?

–용서해 주거나/받은 인물의 마음, 왜 그런 마음이 들었는지에 대한 이유를 생각해 본다.

○ 동화책을 교실 내 언어 영역에 두어 실내 자유선택활동 시간에 학급 유아들이 읽어보게 한다.

유의점

• 동화의 줄거리를 구성하고 제작하여 감상하는 과정에서 용서가 우리의 삶을 행복하게 이끌어줌을 이해시키는 데 상호작용의 초점을 둔다.

추운 겨울에 운동으로 더 건강할래요!

집단형태 대집단 활동

활동유형 이야기나누기

활동목표

- 추운 겨울을 건강하게 지내기 위한 방법을 알고 실천한다.
- 건강한 몸을 유지해야 행복함을 안다.
- 겨울철 건강관리방법의 실천을 통해 행복한 삶을 영위한다.

성격 강점과 덕목

- 지혜와 지식 – 호기심
  – 통찰
- 용기 – 인내
- 인간애 – 사랑
- 절제 – 자기조절

활동방법

○ 겨울철 날씨와 건강관리의 필요성에 대해 이야기 나눈다.

- 겨울에 많이 걸리는 병은 감기에요. 감기에 걸리면 어디가 아픈가요?
  – 콧물이 흐른다, 목이 붓는다, 열이 난다, 몸살이 난다.
- 어떤 사람이 감기에 잘 걸릴까요?
  – 건강하지 않은 사람, 몸이 약한 사람
- 왜 몸이 약해졌을까요?
  – 손을 깨끗하게 씻지 않아 감기 병균들이 우리 몸속으로 쉽게 들어와서
  – 춥다고 따뜻한 집에만 있고 운동을 하지 않아서

○ 겨울을 건강하게 지내기 위한 방법에 대해 이야기를 나눈다.

- 감기에 걸리지 않고 건강하게 지내려면 어떻게 해야 할까요?

– 밖에 나갔다 들어올 때는 꼭 손을 깨끗이 씻는다.

– 음식을 가리지 않고 골고루 먹는다.

– 춥다고 집 안에만 있지 말고 밖에 나가 놀거나 운동을 한다.

– 외출시 외투를 입고 장갑, 모자, 목도리를 두르고 털신을 신는다.

○ 건강과 행복과의 관계에 대해 이야기를 나눈다.

- 감기에 걸리면 몸이 쑤시고 기침이 나며 열이 나고 밥맛도 없어져요.
- ○○반 어린이들은 감기에 걸렸을 때 어떻게 지냈나요?

  – 유치원/어린이집에 못 오고 집에만 있었다.

  – 열이 많이 나서 누워 있었다.
- 감기에 걸려 몸도 아프고 친구들과 재미있게 놀 수도 없으니 마음이 어땠나요?

  – 속상했다, 심심했다, 행복하지 않았다.
- 감기에 걸리지 않고 건강해야지만 즐겁고 행복하게 지낼 수 있어요.

○ 건강하고 행복한 겨울나기를 위해 겨울철 건강관리방법을 매일 실천하자고 이야기한다.

유의점

- 신체운동이나 실외 놀이를 하루 일과 중에 매일 포함하여 유아들이 실내에서만 머무르지 않고 규칙적으로 운동할 수 있도록 한다.

행복이란 무엇보다 건강 속에서 찾을 수 있다.

–커티스–

걷는 습관, 몸도 마음도 행복해져요

집단형태 대집단 활동

활동유형 이야기나누기

활동목표

- 걷기를 통해 몸이 건강해짐을 안다.
- 걸으면 세로토닌이 분비되어 행복해짐을 안다.
- 바르게 걷는 방법을 익힌다.
- 몸을 건강하게, 마음을 행복하게 하는 걷기를 실천한다.
- 자연풍경의 아름다움을 느끼며 걷기를 실천할 때 행복할 수 있음을 안다.

성격 강점과 덕목

- 지혜와 지식 – 통찰
- 용기 – 인내
- 인간애 – 사랑
- 절제 – 자기조절
- 초월성 – 심미안

활동방법

○ 걷기와 관련된 노래(예 : 동산 가는 길)를 불러본다.

- "♬하나 둘 셋 넷 발을 맞추어 앞으로 앞으로 걸어가면은
  바람 솔솔 불어오면서 우리들은 신이 납니다. ♬"

○ 걷기의 중요성에 대해 이야기 나눈다.

- '걷기'는 중요하다고 하는데 왜 그럴까요?
  – 몸이 튼튼해진다, 건강해진다, 기분이 상쾌해진다, 신난다.

○ 걸을 때 뇌에서 행복호르몬인 세로토닌이 나옴을 알려준다.

- 걸으면서 기분이 상쾌해지고 신이 나는 이유가 있어요.

• '뇌'에 대해 들어본 적 있나요? 뇌는 우리 몸의 머릿속에 들어 있어요.

–만 5세 유아들의 경우 뇌에 대해 알고 있는 점을 이야기하게 한다.

• 뇌는 몸과 마음의 건강을 도와주는 '호르몬'을 만들어서 몸 구석구석으로 내보내는 일을 해요. 그 중에 행복호르몬 '세로토닌'이 있어요. 적당한 빠르기와 세기로 걸으면 뇌에서 행복호르몬 세로토닌이 나와서 마음이 행복해진대요. 그래서 걸을 때 즐겁고 상쾌한 기분이 되는 거예요.

○ 세로토닌이 잘 나오게 걷는 방법을 연습해 본다.

• 뇌에서 세로토닌이 잘 나오게 걷는 방법이 있어요. 함께 연습해 봅시다.

① **평소보다 조금 빠르게, 보폭을 약간 넓게 걷는다.**

• 뇌에서 세로토닌이 잘 나오게 하려면 평소 걸을 때보다 조금 빠르게 걸어야 해요. 앉은 자리에서 걷는 것처럼 다리를 움직여 볼까요?

• 보폭을 조금 넓게 걸어야 해요. 선생님이 보여줄게요.

–교사가 유아들에게 걷는 모습을 시범 보인다. (Tip 1 참고)

② **가슴을 펴고 허리와 등은 반듯하게 편다.**

• 걸을 때 가슴을 펴고 허리와 등도 반듯하게 펴야 해요.

• 다 같이 앉은 자리에서 가슴을 펴봅시다. 등도 펴고 허리도 곧게 세워보세요.

• 이렇게 반듯한 자세로 사뿐히 걸으면 세로토닌이 잘 나와요.

Tip 1
교사가 설명하는 걷기방법을 동작으로 정확히 시범을 보여 유아들이 걷기 동작을 따라 할 수 있게 한다.

바른 자세로 걷기

• 누가 나와서 바른 자세로 걷는 모습을 보여줄까요?

－유아들을 3～4명씩 호명하여 바른 자세로 걸어보게 한다.

③ 호흡은 아랫배로 내쉬고 들이마신다.

• 걸을 때 숨을 크게 들이마시고 내쉬어야 해요. 다함께 숨을 들이마시고 내쉬어봅시다.

－공기가 아랫배까지 가도록 크게 들이마신 후, 천천히 내쉰다.

④ 주변 환경을 감상하며 걷는다.

주변 환경 감상하며 걷기

• 자연을 느끼고 생각하면서 걸어야 세로토닌이 잘 나온대요. 다 같이 눈을 감고 상상해 봅시다. "푸른 하늘 위에 하얀 구름이 둥둥 떠가네요. 나뭇가지에 흔들리는 나뭇잎을 바라보세요. 꽃이나 풀 향기를 맡아봅시다. 새가 지저귀는 소리를 들어보세요. 햇살이 내려쬐어 몸이 점점 따뜻해져요."

○ 유치원/어린이집 주변을 걸어본다.

• 밖으로 나가서 행복호르몬 세로토닌이 잘 나오는 방법대로 걸어봅시다.

－유치원/어린이집 주변을 5～30분간 산책한다. (Tip 2 참고)

○ 걷기를 통해 몸과 마음을 건강히 하기로 다짐하고 매일 걷기를 실천하기로 한다.

Tip 2
걷기 시작하고 5분 후부터 세로토닌이 활성화되면서 기분이 상쾌해지고 20～30분이 되면 정점에 이른다고 한다. 유아들의 평소 운동능력이나 걷기운동 경험을 고려하여 적당한 걷기 시간을 결정한다.

유의점

• 유아들이 실외에서 직접 걸어볼 때 습관적으로 무심히 걷지 않고 세로토닌이 잘 나오는 방법에 집중하여 걷도록 지도함으로써 걷는 동안 상쾌하고 행복한 기분을 느껴볼 수 있게 한다.

악보

• 노래 '동산 가는 길'(만 4세 이화유치원 교육과정 운영의 실제 '3. 봄' 111쪽 참고)

건강을 돌보아 매일 행복해요!

집단형태 대집단 활동

활동유형 동화·이야기나누기

활동목표

- 건강하게 지내는 방법을 알고 실천한다.
- 건강한 몸을 유지해야 행복함을 안다.
- 건강한 몸을 유지하여 행복한 삶을 영위한다.

성격 강점과 덕목

- 지혜와 지식 – 호기심
  – 통찰
- 용기 – 인내
- 인간애 – 사랑
- 절제 – 자기조절

활동자료

동화 자료(Tip 참고)

> **Tip**
> 그림책 『이제 아프지 않아요』(마리알린 바뱅 그림/크리스토프 르 만 글/이주희 옮김/시공주니어)를 개작하여 제작했다.

활동방법

○ 몸이 아팠던 경험을 회상한다.

- ○○반 어린이들도 몸이 아파 본 적이 있나요?
  몸이 아픈 동안 어떻게 지냈나요?
  – 어린이집/유치원에 가지 못하고 집에서 지냈다, 누워 있었다, 죽을 먹거나 음식을 못 먹었다, 쓴 약을 먹었다, 기운이 없어 놀지 못했다.
- 몸이 아팠을 때 마음이 어땠나요?
  – 속상했다, 심심했다, 행복하지 않았다.

○ 『이제 아프지 않아요』 동화를 감상한 뒤 이야기 나눈다.

- 토순이는 왜 병원에 입원하게 되었나요? 왜 독감에 걸렸나요?
- 병원에 입원했을 때 토순이의 마음은 어땠나요?
- 엄마는 토순이를 위해 그림책을 읽어주셨어요. 토순이는 그림책이 재미있었나요? 왜 그림책이 재미없었을까요?
- 아빠는 토순이를 위해 자동차를 선물로 사 주셨어요. 토순이는 자동차를 신나게 가지고 놀았나요? 왜 토순이는 자동차 놀이가 신나지 않았을까요?
- 다시 건강해진 토순이는 어린이집/유치원으로 갈 수 있었어요. 토순이의 마음은 어땠나요?
  - 행복했다.
- 어린이집/유치원에 와서 토순이는 병원에서 읽었던 그림책을 다시 읽게 되었어요. 병원에서는 그림책이 재미없었지만 친구들과 함께 읽었을 때는 어땠나요?
- 왜 병원에서는 재미가 없었을까요?

○ 건강한 몸을 유지해야 행복하다는 것에 대해 이야기 나눈다.

- 토순이는 병원에서 그림책을 읽어도, 장난감을 가지고 놀아도, 친구와 재미있는 이야기를 해도 행복하지 않았어요. 왜 토순이는 행복하지 않았을까요?
  - 몸이 아팠기 때문이다, 기운이 없었기 때문이다.
- 즐겁고 행복하게 지내기 위해서 가장 먼저 무엇이 필요할까요?
  - 건강한 몸
- 건강하게 지내려면 어떻게 해야 할까요?
  - 밖에 나갔다 들어올 때는 꼭 손을 깨끗이 씻는다.
  - 일찍 자고 일찍 일어난다.
  - 음식을 가리지 않고 골고루 먹는다.
  - 춥다고 집 안에만 있지 말고 밖에 나가 놀거나 운동을 한다.
  - 추운 날씨에는 바깥놀이를 오래 하기보다는 짧게 여러 번 나누어서 한다.
  - 밖에 나갈 때는 외투를 꼭 입고 장갑, 모자, 따뜻한 신발을 신는다.

○ 행복한 삶을 위해 건강을 지키는 방법을 실천하기로 약속한다.

참고문헌

교육과학기술부·보건복지부(2012). 5세 누리과정: 해설서.

권석만(2008). 긍정심리학: 행복의 과학적 탐구. 서울: 학지사.

김도란·김정원(2008). 유아의 행복감과 부모의 행복감 간의 관계 연구. 열린유아교육연구, 13(6), 311-333.

김성숙(2013). 유아가 인식하는 행복의 의미 탐색. 유아교육연구, 33(3), 377-400.

김세희·강순미(2008). 그림책 읽기 및 관련활동을 통한 유아의 행복에 대한 개념 확장. 어린이 문학교육 연구, 9(2), 119-139.

김주환(2011). 회복탄력성: 시련을 행운으로 바꾸는 유쾌한 비밀. 서울: (주)위즈덤 하우스.

서울대학교 행복연구센터(2011). 행복 교과서. 서울: 월드김영사.

최윤정·이경민(2012). 유아교사의 행복교육 프로그램 개발 기초연구: 강점계발을 중심으로. 유아교육연구, 32(1), 395-415

Ben-Shahar, T. (2008). 하버드대 행복학 강의 해피어[*HAPPIER: Learn the secrets to daily joy and lasting fulfillment*]. (원서 2007 출판, 노혜숙 역). 서울: 위즈덤하우스.

Bormans, L. (2012). 세상 모든 행복[*The World Book of Happiness: The knowledge and wisdom of one hundred happiness professors from all around the world*]. (원서 2011 출판, 노지양 역). 서울: 흐름.

Holder, M. D., & Coleman, B. (2009). The contribution of social relationships to children's happiness. *Journal of Happiness Studies, 10*, 329-349.

Lyubomirsky, S. (2008). How To Be Happy: 행복도 연습이 필요하다[*The how of happiness : a scientific approach to getting the life you want*]. (원서 2007 출판, 오혜경 역). 서울: 지식노마드.

Lyubomirsky, S., Sheldon, K. M., & Schkade, D. (2005). Pursuing happiness: The architecture of sustainable change. *Review of General Psychology, 9*(2), 111-131.

Park, N., & Peterson, C. (2006). Character strengths and happiness among young children: Content analysis of parental description. *Journal of Happiness Studies, 7,* 323-341.

Peterson, C. (2010). 크리스토퍼 피터슨의 긍정심리학 프라이머[*A primer in positive psychology*]. (원서 2006 출판, 문용린·김인자·백수현 공역). 서울: 물푸레.

Peterson, C., & Seligman, M. (2009). 긍정심리학의 입장에서 본 성격 강점과 덕목의 분류[*Character strengths and virtues: A handbook and classification*]. (원서 2004 출판, 문용린·김인자·원현주 공역). 한국심리상담연구소.

Peterson, C., Park, N., & Seligman, M. (2005). Orientations to happiness and life satisfaction: The full life versus the empty life. *Journal of Happiness Studies, 6*(1), 25-41.

Seligman, M. (2004). 긍정 심리학[*Authentic happiness*]. (원서 2002 출판, 곽명단 역). 서울: 물푸레.

Seligman, M., & Csikszentmihalyi, M. (2000). Positive Psychology: An introduction. *American Psychologist. 55*(1), 5-14.

Shapira, H. (2013). 행복이란 무엇인가: 이스라엘 최고 랍비 하임 샤피라의 명강의[*Things that matter*]. (원서 2012 출판, 정지현 역). 파주: 21세기북스.

Thoilliez, B. (2011). How to grow up happy: An exploratory study on the meaning of happiness from children's voices. *Child Indicators Research, 4*(2), 323-351.

Watson, D., Clark, L., & Tellegen, A. (1988). Development and validation of brief measures of positive and negative affect: The PANAS scales. *Journal of Personality and Social Psychology, 54,* 1063-1070.

Seligman, M. (2012. 4. 30). 긍정심리학 동영상 강의

http://www.youtube.com/watch?v=bbR72irx-EE

저자 소개

홍용희 이화여자대학교 유아교육과 교수
전 이화여자대학교 부속이화유치원장

나영이 이화여자대학교 유아교육과 박사과정 수료
경인교육대학교 유아교육과 강사

장현진 이화여자대학교 유아교육과 박사과정 수료
경인교육대학교 유아교육과 강사

김혜전 이화여자대학교 유아교육과 박사과정
신흥대학교 영유아보육과 강사

전우용 이화여자대학교 유아교육과 박사과정
신구대학교 아동보육전공 강사

어린이교육의 기본 바로 알기 시리즈 4

유아 행복교육 탐구

초판 1쇄 발행 2013년 8월 24일
초판 3쇄 발행 2014년 8월 20일

지은이 | 홍용희·나영이·장현진·김혜전·전우용
펴낸이 | 김기섭
편집인 | 박연순
펴낸곳 | 창지사 www.changjisa.com
153-802 서울시 금천구 가산디지털 1로 83 파트너스타워1차 9층
전화 (02) 719-2211~3
팩스 (02) 701-9386
등 록 | 1977년 4월 28일·제1-421호

ISBN 978-89-426-0741-9 (93370) KOMCA 승인필

값 7,000원